格差社会を生き抜く
投資の哲学

君の未来とお金の関係

さわかみ投信　取締役
熊谷幹樹

プロローグ

本書を書き始めるにあたり、私の中にある遠い昔の記憶の話から始めたい。

私は新潟の田舎町、山間部の小さな小さな集落で生まれ育った。

春になれば雪がとけ、土から緑が芽を出し、やがて薫風となって大地を駆け抜ける。田植えが始まれば、水を得たカエルの大合唱だ。秋になれば山は真っ赤に紅葉する。そして冬になれば白銀の世界へといざなわれる。

そんな雄大な大自然に囲まれて育った私の少年期の記憶にはいつも夏祭りの光景が蘇る。集落の人々が浴衣を着て一堂に集まり、皆で輪になって盆踊りを楽しんだものだ。

皆、若かった。エネルギーに満ちていた。自信と未来への希望に溢れていた。あの時代は日本という国にとって栄光ともいえる時代だった。

あれから随分と長い年月が流れた。

今日、あのような光景を故郷で見ることはもうない。そして、このことは日本の他の地方でも同じことだ。この国は老いた。人も減った。そしてこれからさらに減っていく。大きく膨らんだ風船がしぼんでいくように、日本という国がしぼんでいくかのようだ。

世界でも類を見ない少子高齢化、急激に進む人口減少、増加する政府債務の問題など、日本という国が抱える問題は列をなして多数存在する。しかも決して簡単に解決することはできない難題ばかりだ。

先日、大学1年生と話す機会があった。将来やりたいこと、得たい未来は？　という問いへの回答の一つは「安定した老後」だった。

生まれてこのかた、日本の衰退や不況という言葉をあらゆるメディアから刷り込まれて育った若者たちがそう思ってしまうのも無理はない。これは現代の社会をリードする現役世代である私たちの責任である。私たち大人が日本という国の未来に希望を持てずに生きていては、次世代の子どもたちがそうなってしまうのは必然の結果だ。

一方、30年以上に亘《わた》り日本という国が成長を忘れ、国民が自信をなくし、停滞を続けていることは紛れもない事実である。そして、これから日本という国が向かう未来は決して楽な道ではない。


それでも未来は変えられる。


それが本書の趣旨である。

未来を背負っていくのは、いつの時代も次世代を担う若者たちだ。そんな日本の未来を背負っていくであろう若者たちに、それぞれの未来に向かって歩んでいく旅の中で読んでもらいたいという強い思いから、本書は生まれている。

本書においては、「お金」というキーワードを中心に各章は展開されていく。なぜならば「お金」とは、未来をつくる上で切っても切り離せない重要な役割を果たす存在だからだ。

そして日本のみならず世界の未来を考える上でも、お金の存在を無視することはできない。お金がどのように生み出され、どのように流れていくのか。詳細は本書の中で説明するが、お金について考えることは、すなわち未来について考えることでもある。

今日、世の中では、若者への金融教育が時折話題にのぼる。小学校では2020年度から、中学校は2021年度から、高校は2022年度から、「社会」「公民」や「技術・家庭科」などの既存の科目の中に組み込まれる形で金融教育がスタートした。この教育を通して、「お金の大切さ」「お金の使い方」「お金の運用」「お金の役割」について学ぶのだという。

何事も新しい時代に向けた変化はとても大切である。引き続き教育現場におけるさまざまなチャレンジが成果に繋がっていくことを期待している。だが、結局のところお金の知識を詰め込んだだけでは、お金の本質は理解できないし、もちろんお金を増やすことはできない。ましてや栄えある未来などつくることはできない。

では、どうすれば？

そんな問いに対する一つの解になることが本書の目的である。

本書が、たくさんの方々の未来を描く航海図になれば幸いだ。とりわけ、これからの未来を背負う若者たちにとって、未来に向けた新しい一歩を踏み出すきっかけになるのであれば、望外の喜びである。

2024年3月　東京にて

君の未来とお金の関係
格差社会を生き抜く投資の哲学

目次

第1章 学校では教えてくれないお金の話をしよう

第2章 お金を増やす方法は4つしかない

第3章

「お金を増やす4つの鉄則」を伸ばす10の方法

最終章

日本から世界へ

構成　千羽ひとみ
企画・編集　木田明理
アートディレクション　林隆三
装丁　山家由希
図版・DTP　美創

第1章

学校では
教えてくれない
お金の話をしよう

もしも100億円もらえたら、何に使うか？

唐突で恐縮だが、こんな場面を想像してみてほしい。

目の前に奇特なスーパーリッチがやってきた。そして君にこう尋ねた。

「この100億円を差し上げよう。使い方に制限は設けない。さて、何に使うかね――？」。さあ、君はいったい何と答えるだろうか？

事業を興すにも遊び暮らすにも、100億円ならば十分過ぎるほど十分であるはずだ。だが大喜びしたそのあとに、「じゃあ僕はこれに使わせてもらいます」と具体的な使い方を挙げられる学生諸君が、何人いるだろうか？

実はこの質問は、私が大学などで講義をする際に、学生諸君にかならず投げかける質問でもある。そしてどの大学でも具体的な使い道を挙げて答えてくれる学生は、まずいない。ほぼ全員が「えっ……!?」と言ったまま絶句してしまうのだ。

これは学生たちに限らないと思う。人は老若男女を問わず「お金が欲しい」とよく口にするが、「では望む金額を差し上げましょう」と言っても、即座に「これに使わせてもらいます」と答えられる人は、まずいない。例外を挙げるとしたら、お金がなくて、もう何日間も食べていないような人ぐらいではなかろうか。

つまりはいくらお金をもらっても、そのお金をつぎ込むべき目的がないのだ。「お金は欲しい。だがそのお金を使ってやりたいことは何もない」と言い換えてもいいかもしれない。では人はなぜ、目的もなければやりたいこともないのに、あれほどしばしば「お金が欲しい」と言うのだろうか——？

学生だったら、「将来留学したいけど、お金がないから行けないかもしれない」。

若手ビジネスパーソンだったら、「家や車を買いたいけれど、お金がないから無理かもしれない」。

中高年だったらもっと切実に、「定年後の暮らしが不安で不安でたまらない」などなど。

つまりは、いつかはかならずやってくる未来でしくじるのが恐ろしくて、「お金が欲しい」と言っているに過ぎないのだ。

これをよくよく考えてみると、人とお金の関係の、真の姿が見えてくる。

われわれは日々働いてお金を稼ぎ、お金を使っているように見えるが、実はお金に使われ、支配されているという真実だ。汗水流して稼いだ人が「主」であって、「従」であるべきお金を使って楽しんでいいはずなのに、立場が逆転してしまっているのだ。

さわかみ投信でアナリストとして一から叩き上げられ、その後ペンシルベニア大学ウォートン・スクールに留学し、世界最高峰の環境で金融を専攻。世界経済の激流の中、長きに亘り事業経営と投資を実践し、現在取締役としてさわかみ投信の経営の一端を担いつつ日本人のお金への向き合い方のアップデートと日本の投資文化の発展をミッションとしている私には、この状態が歯がゆくてならない。

この本はそんな現状を打破し、すべての人にお金と人生のあり方を示さんがためしたためたものだが、私が訴えたいことは次の一言に尽きる。

「日本人よ、お金に使われる人生を送るな。お金を使う人生を送れ――」

その理由と具体的な方法をこの本で紹介していくつもりだが、お金を稼ぐも使うも、結局のところ、自分の時間をどこに使っていくのか、つまりはどう生きていくのかという人生の歩み方、命の使い方の話でもある。まずはその手始めとして、お金の意味そのものを考えることから始めてみることにしよう。

無人島でお金の意味を知る

「お金に使われず、お金を使う人生を送れ――」

この言葉を真剣に受け止めた君は、まずはお金について知ろうと経済学の教科書をひもといたかもしれない。その教科書はおそらくお金の3つの機能、すなわち、

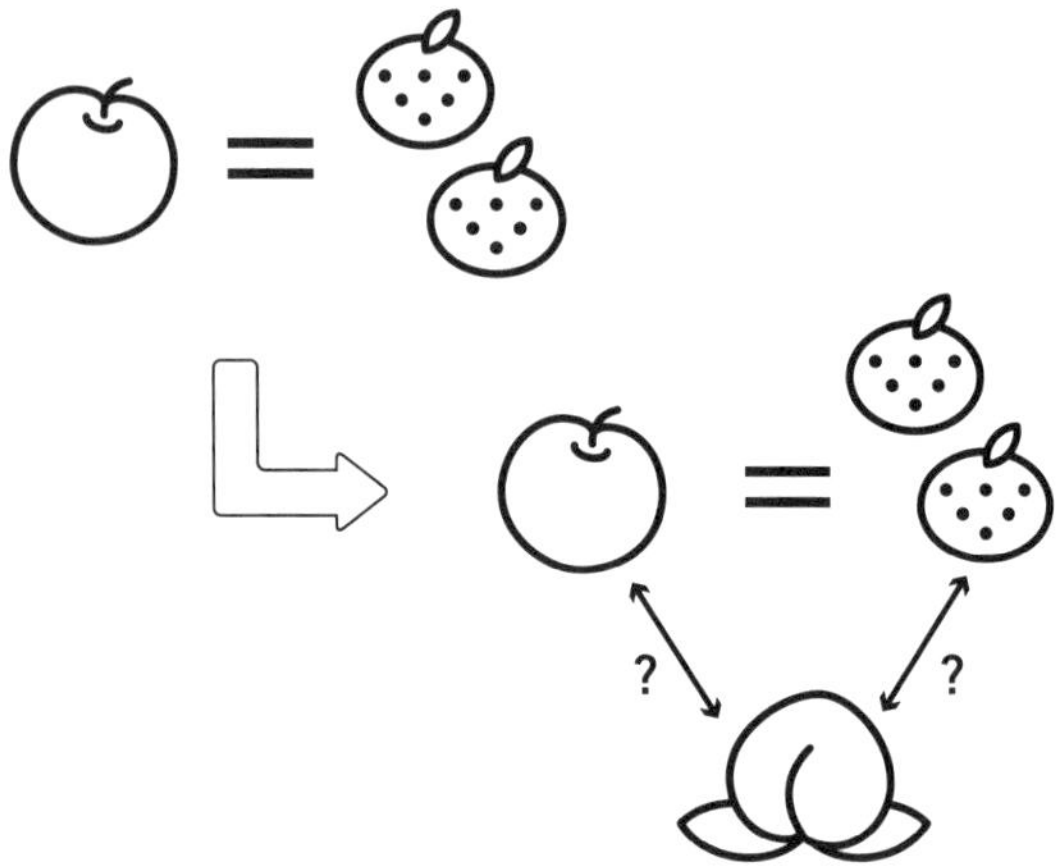

「尺度」「交換」「保存」から説明し始めているはずだ。

まずは教科書いわく、「お金はモノやサービスの価値を計る〝尺度〟である」。

たとえばリンゴ1個にミカン2個ぶんの価値がある場合、それを表すにはどうしたらいいだろうか？

この場合なら「リンゴはミカンの2倍の価値」と表現することができるだろう。だが、さらにモモと比べようとすると、説明はややこしくなる。リンゴとモモの価値の関係、ミカンとモモの価値関係を提示しなければならないからだ。

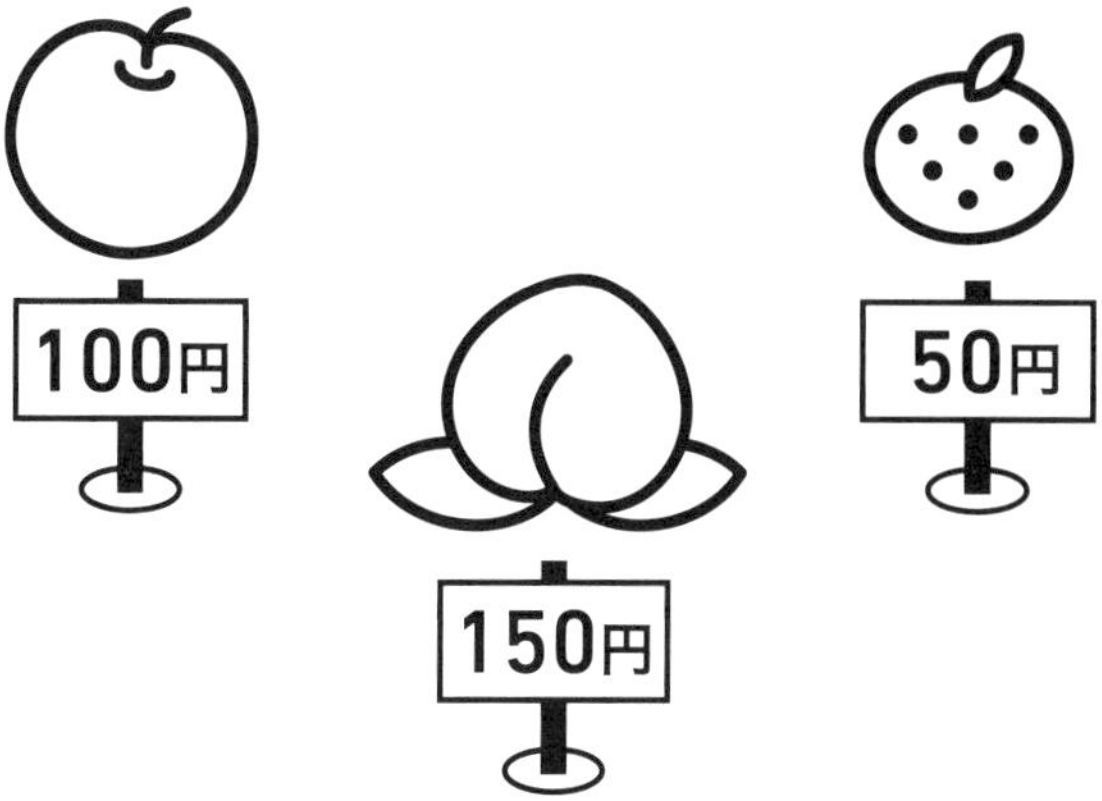

だがお金という「尺度」があれば、簡単かつ明瞭に表すことができる。「リンゴは100円、ミカンは50円、モモは150円」というように。経済学の教科書は、お金はモノやサービスの価値を簡単かつ明瞭に計る「尺度」であるといっているのだ。

さらにその経済学の教科書によると、お金は「交換」のためのツールでもあるという。

リンゴ1個とミカン2個が同じ価値だったと仮定しよう。お金がない物々交換の時代には、必要とするミカンが1個だけだったとしても、リンゴ1個とミカン2個を交換するしかなかっ

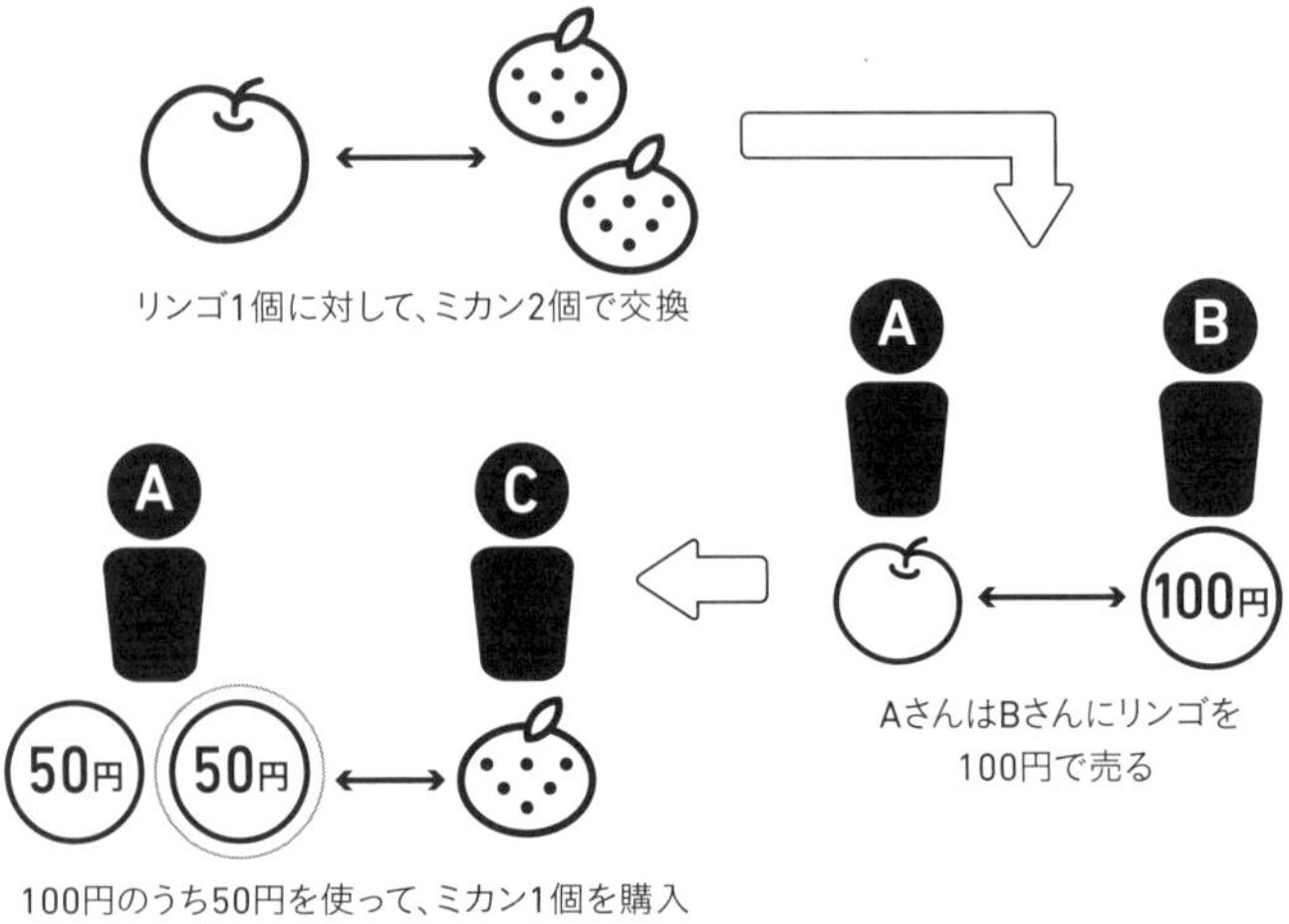

た。ところがお金が発明されたことで、画期的なことが起こる。リンゴを100円で売ったあと、そのうちの50円を使ってミカン1個を購入することが可能になったのだ。これがお金の「交換」機能というものだ。

最後の「保存」は、多くの人を狂わせてきたお金の魔性ともいえる機能だ。

お金には価値を「保存」する機能がある。リンゴとミカンを交換しようという先の例の場合、「リンゴ1個をその半分の価値しかないミカン1個と交換してもかまわない」という奇特な人でない限り、所有者はリンゴを腐らせてしまう

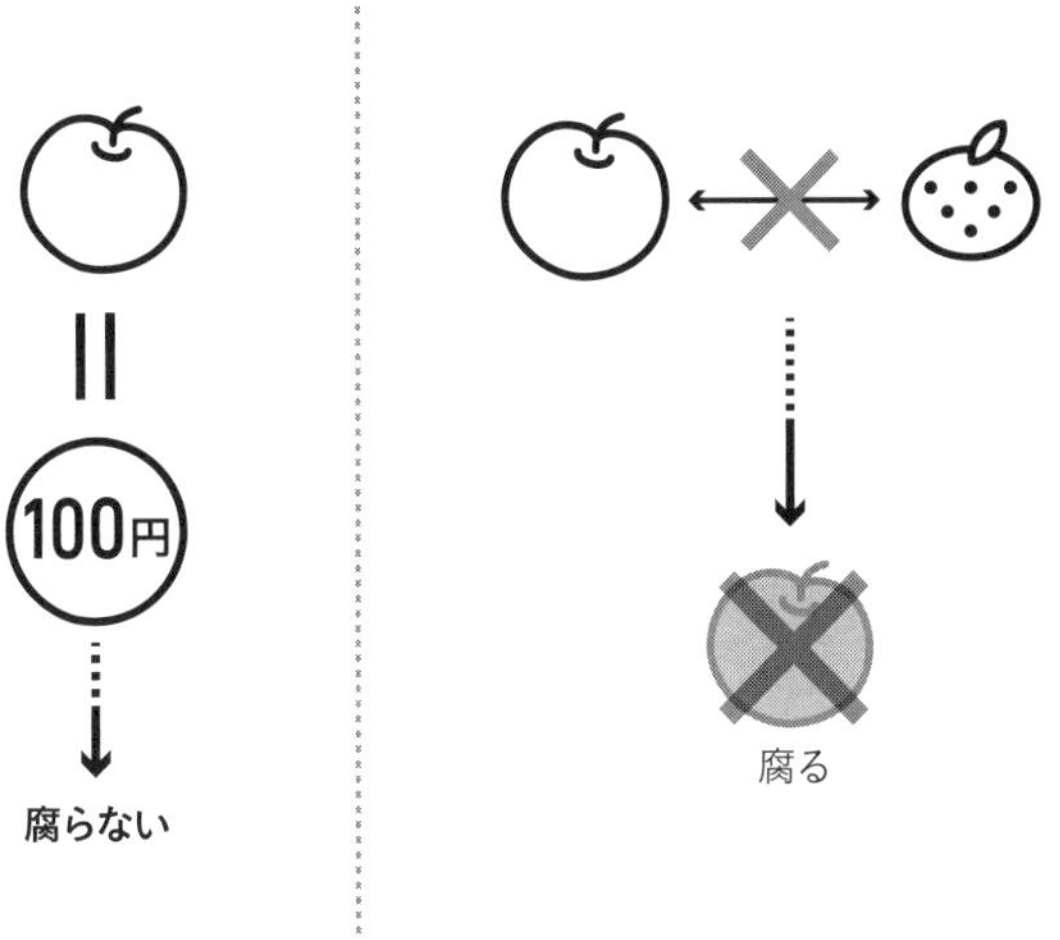

ことになる。お金がない世界では、リンゴは腐る前に他のモノと交換できないと、価値がなくなってしまうのだ。

ところがお金を仲介させて取引すれば、手元に100円という価値が残る。

つまりは今持っている価値（資産）を蓄えておけるのも、お金の持つ特徴なのである。

経済学の教科書から引用してお金の機能を説明した。ここまで読んで少しは頭の体操になったかもしれないが、こうした知識が役に立つことはないだろう。だから覚える必要もないし、覚えたところでお金を理解することはできない。

なぜならば、お金を使う時、お金の持つ3つの機能を考えて使う人など、いないからだ。

お金の本当の意味を知りたいのならば、経済学の教科書なんぞを読むよりも、究極の状況から考えてみるほうが実はずっとよくわかる。

君が数人と、絶海の孤島に漂着したと思ってほしい。とある事情で、数十年は救援隊はやってこない。

そんな究極の状況で生き残ろうとすれば、まずは薪を集めて火をおこし、水を探して食料を確保すべく、役割分担をすることだろう。役割分担して得られた薪に火をつけ、苦労を重ねて確保した水と食料を温める。無人島ではそれぞれが仕事を担い、その仕事で得られた安全な水やとぼしい食料を全員で分け合うことで、ようやっと生き残りが見え始める。

さて、そんな仲間の一人にスーパーリッチがいて、「働くのはダルいから自分は何もしたくない。これで食料を売ってくれ」と、一緒に流されたカバンの中から一千万円の札束を取り出したとしたらどうだろうか？

君は一千万円と引き換えに、自分の取り分の貴重な水や食料を差し出すだろうか？　無人島ではお金など、使える場所はないというのに。

この例は経済活動で大切なのは、実はお金そのものではなく、働くことのほうであることを示している。働くことでお互いが貢献し合うこと。その中で貢献をより生産的かつ効率的にしていこうとなって初めて前述したお金の３つの機能、すなわち、「尺度」「交換」「保存」が光を放つのだ。

実はこれは、日本という人口約１億２５００万人の島でも同じことがいえる。さらに規模を大きくして地球規模で考えても同じことだ。

働いている人がいて、働くことの価値の尺度を明確にし、その交換と保存をより生産的・効率的にしようとしてようやっとお金がお金ならではの意味を持つ。つまりお金は社会があって初めて意味を持つもので、言い換えると誰かが働いていてお金がしっかり使えるような安全で健全な社会がない限り、いくらたくさん持っていても意味がないものであることを示している。

つまり、そもそもは支え合いであり、助け合いのツールであるというのが、お金の本質といえるのだ。

聞き書き 熊谷幹樹自伝 1

田舎の少年、壮絶な少年期を過ごす

僕は雪国・新潟県の北方の田舎町で生まれ育ちました。しかも、僕の家はその街の中心地から10キロも離れた山間部にある小さな小さな集落にあって、今では限界集落といわれているような所です。このところ日本中で冬でも熊が出没して大問題になっていますが、僕も小学3年生の時に熊に遭遇、必死に逃げたのを覚えています。速い、速い、ものすごく足が速いんです、熊って（笑）。

そんな田舎ではありましたが、うちは教育熱心かつ独立心旺盛な家庭で、父は起業家、母は超絶熱血タイプの養護教諭、つまりは先生をしていました。

祖父母は祖父母で建設会社を創業して、会社自体は今でも営業しています。ですから、両親・祖父母とも、とても行動力があって家族の団欒はいつも賑やか。常にエネルギーが溢れていたような環境でした。そんな環境の中で、僕は田んぼの稲のようにすくすくと育ちました。

そんな僕の人生を変えたのが、中学時代の体験です。時代的な背景もありましたが、学校が荒れまくっていて、夜になると、暴走族がパラリラパラリラとエンジンの爆音で夜を賑わすんです。「盗んだバイクで走り出す」という歌がありましたが、あの時代、きっとどこでもあった話です。

目立ったやつがいると、「お前、生意気だ。ちょっと来い！」と上級生に呼び出されてはボコボコにされてしまうんです。かく言う僕も、目立ったのでしょう

(笑)、ボコボコにされる目に遭いました。結構壮絶でした。

学校の先生たちは見て見ぬふりをしているだけで、決して助けてくれません。13～14歳の少年には、この事なかれ主義が本当にキツかった。「この先生、ヤバっ」「マジで終わってる……」。少年ながら本気で思ったものでした。

他の少年たちは同じような経験をすると皆いじめっ子の軍門に降《くだ》るというか、同じようにタバコも吸えば、いじめる側にまわるようになります。ですが僕は、最後の最後まで抵抗しました。

「こいつは軍門に降らない」

不良たちにそう浸透すると、今度は無視が始まりました。僕は中学2年から3年まで、徹底的に無視される生活を送ったんです。とても孤独な2年間でした。

えっ!?「なんで長いものに巻かれて軍門に降らなかったのか――?」

う～ん、なんでだろう……。今だから言語化できますが、「その先に未来はない」と思ったんだと思います。「一緒に不良になっていじめから解放されてもそれで終わり」、そう思ったんだと思います。まあ、あとからの解釈ではありますけれど。

ただ「自分は絶対、先生にはなりたくない」とも思いました。

実は父は先生になろうと大学の教育学部に行ったんですが、安保闘争に参加して教師にはなれなくなってしまい、起業家になっています。姉も地元の大学を出て先生になっていますから、うちは先生一家で、僕も教師になる可能性が高かった。でも自分はもう、絶対に教師にはならないと決めました。なぜかというと、先生ほど信じられない存在はなかったからです。

話は飛びますが、2018年だかに新潟県の若手教職員の集いがあり講演をしてくれと頼まれて、先生たち100人ほどに囲まれてこの話をしました。

「生徒は先生を選べない。皆さん（先生）は生徒を選んでいるけれど、生徒は選べません。先生によって子どもたちの人生も未来も変わってしまう。担任が最悪だったから、僕は先生の道をやめました。だから皆さんは、生徒にそう思わせない先生になってください」と。

あの時の先生たちの真剣な眼差しは今でも覚えています。その場から拍手も起きました。先生たちには、何か思うところがあったんだろうと思います。

未来は「投資」によってつくられ、「消費」によって選択される

「お金の本質は支え合い・助け合いのためのツール」であり、「お金がその本質を発揮するには、社会が健全であることが必要」と書いた。

実はお金に支え合い・助け合いとしての機能を存分に発揮させ、社会をより健全化させる行為がある。それこそが「投資」という行為だ。投資とよく似た言葉に「投機」があり、しばしば混同されているが、この2つは天と地ほどの違いがある。

いったいどう違うのか？

投資とは、未来の可能性を設計する行為のことをいう。道や橋をつくるためにお金を使うのは投資である。道があるから人が集まり、町ができる。投資は未来をつくる行為なのだ。

今日、私たちの生活はとても便利になった。スマートフォン（以下、スマホ）一つあれば、瞬時に世界と繋がり、あらゆる情報を手にすることなど朝飯前だ。そんな技術やサービスを提供している企業の活躍の背景にも、投資が大きく貢献している。投資家が存在し、そこにお金が投資されるからこそ、起業家や企業は未来に向けて挑戦ができる。こうした挑戦があればこそ、われわれの社会は豊かでいられる。投資とは、金銭的なリターンのみならず、結果的に社会の発展や文明の進化というリターンをもたらしてくれるものなのだ。

投資とは企業に関することに留まらない。教育もまた投資である。より多くの人が教育という投資を受け、人が知識を持ち、規範を守れるようになることで社会に秩序が生まれている。芸術への投資も同じだろう。芸術から生まれる人の心を突き動かすような感動は、未来への希望となる。

忘れてはならないのは、投資の成果とは一朝一夕には実らないという事実だ。人がいきなり育たないように、投資が実るまでには一定の時間を要する。これは企業への投資もまったく同じだ。農業にたとえてみるとよくわかることだろう。大地を耕し、種を蒔き、水を与え、そして太陽の光を浴び成長していく。そうして実って初めて、作物はわれわれの糧《かて》となってくれるのだ。

では「投機」はどうか？

投機とは、機会に乗じて短期間で自分の懐を肥やすべくひたすら利益を得ようとする行為のことをいう。利益を目的としたマネーゲームと表現してもよい。少しでも安く仕入れ、高く売却できるかがすべてで、投機的なマネーゲームのことをゼロサムゲームと呼ぶこともある。得点の総和がゼロであるという意味で、社会全体で考えれば利益を奪い合っているだけ。全体的には成長・発展していないような状態のことをいう。

つまり、投機は利己的な利潤の奪い合いであり、社会の健全性を損ねる可能性すらあるのだ。

一方、投資よりずっと身近な行為である「消費」もまた、社会の健全化に寄与できる行為である。

目の前に2種類のドリンクがある。どちらもおいしいが、一つは身体に有害な添加物たっぷりで、もう一つは自然で良質。君はいったいどちらのドリンクを選ぶだろうか？

どちらもおいしい。だから時に前者の有害なドリンクに手を伸ばすことがあったとしても、どこかしら感じる身体の不調を考えると、その回数は徐々に減っていくはずだ。一方、後者のほうは自然だし良質だから、身体を壊すこともない。体調の良さに満足した君は、二度、三度と継続購入することだろう。

つまりわれわれは消費することによって知らず知らずのうちに企業を選択し、良心のない企業を淘汰している。消費とは、普段の何気ない暮らしの中で未来をつくり、社会をより健全化する可能性を持っている大切な行為なのだ。

「ホス狂い」は消費か、浪費か?

「消費」は社会の健全化に一役買うが、「浪費」とは別物であることには注意されたい。

ここで話をちょっと脱線してみたい。

2023年に表面化、問題視されたものに、一部の女性たちの「ホス狂い」がある。女性を金づるとしか考えていない悪質ホストに入れ込んでしまうことで、数百万円を超えるツケを抱え、その返済のために路上や風俗店での売春行為にまでおよんでしまうこともある。国会に「ホスト新法」こと「悪質ホスト対策法案」が提出されるほど大問題となったのは、君も聞いたことがあるだろう。

このホス狂いは消費だろうか、それとも浪費だろうか？

社会通念で考えたら、１００人中99人の学生諸君は「無駄の極致で浪費そのもの」と答えるだろう。さらには、金づるにされている女性たちに同情する声すら出ると思う。

だがホス狂いしている女性たちに聞いてみると、正反対の言葉が返ってくる。

多くの女性たちが、異口同音に「彼（ホスト）が№１でいられるのは私のおかげ。その状態に心から満足している」と答えているのだ。女性の人権を守ろうという先のホスト新法に対しても、ほかならぬホス狂いの女性たちから制定反対の声が上がったほどだ。

33〜34ページで、「消費とは企業を選択する行為」であり、「暮らしの中で未来をつくる行為」であると書いた。

だが、ホス狂いで売春にまでおよんでいる女性たちから見れば、自分のような女性がいるからこそ「いい企業（ホスト）が選別されている」という理屈が成り立つ。

さらには「お金を使うことでお気に入りのホストがNo.1になれる。私がホストの未来をつくっている」と答える女性すらいることだろう。こうした女性たちからは、われわれの同情の声に対しても、「なぜ同情？　彼の力になれて私は幸せ」と反論されるに違いない。

確かに「企業の選択」と「未来をつくる」という視点からは、ホス狂いも「消費」であるように見える。だが「健全化」という点で、消費とは大きく異なっている。

売春にまで行き着く行為は決して健全とはいえず、さらには当事者女性の精神的・金銭的負担は増す一方だ。売春という脱法行為にまでおよんでいるわけだから、ホストの豊かな未来はつくれても、自分自身の豊かな未来はつくれてはいない。むしろ破壊しているといえよう。

つまり、ホス狂いは社会とおのれの心、そしてみずからの人生の健全化という点で消費ではあり得ず、「浪費」なのである。

とはいえ人間である以上、浪費をしない者はあり得ず、浪費が経済に役立っているのは認めなければならない。ホス狂いという浪費をすることでホストクラブにお金が落ち、ホストクラブからシャンパンタワー用のシャンパンを卸す酒屋、それを運ぶ運送業者、さらには酒造メーカーまでをも潤し、結果的に社会にお金がぐるぐる循環することになる。経済の活性化に繋がることになるからである。

同じく「投機」も、経済への貢献といえる。

「機会に乗じて短期間で自分の懐を肥やすべくひたすら利益を得ようとする行為」という投機の定義をもっとかみ砕くと、「投機はピザの取り合い」といえるだろう。目の前にMサイズのピザがある。自分は誰よりも多くのピザを食べたいと、「私はピザの半分に1000円出す。だからピザの半分をくれ」「私はそれより100円多く出す。だからピザの半分は私のものだ」と奪い合っている状態が投機なのだ。

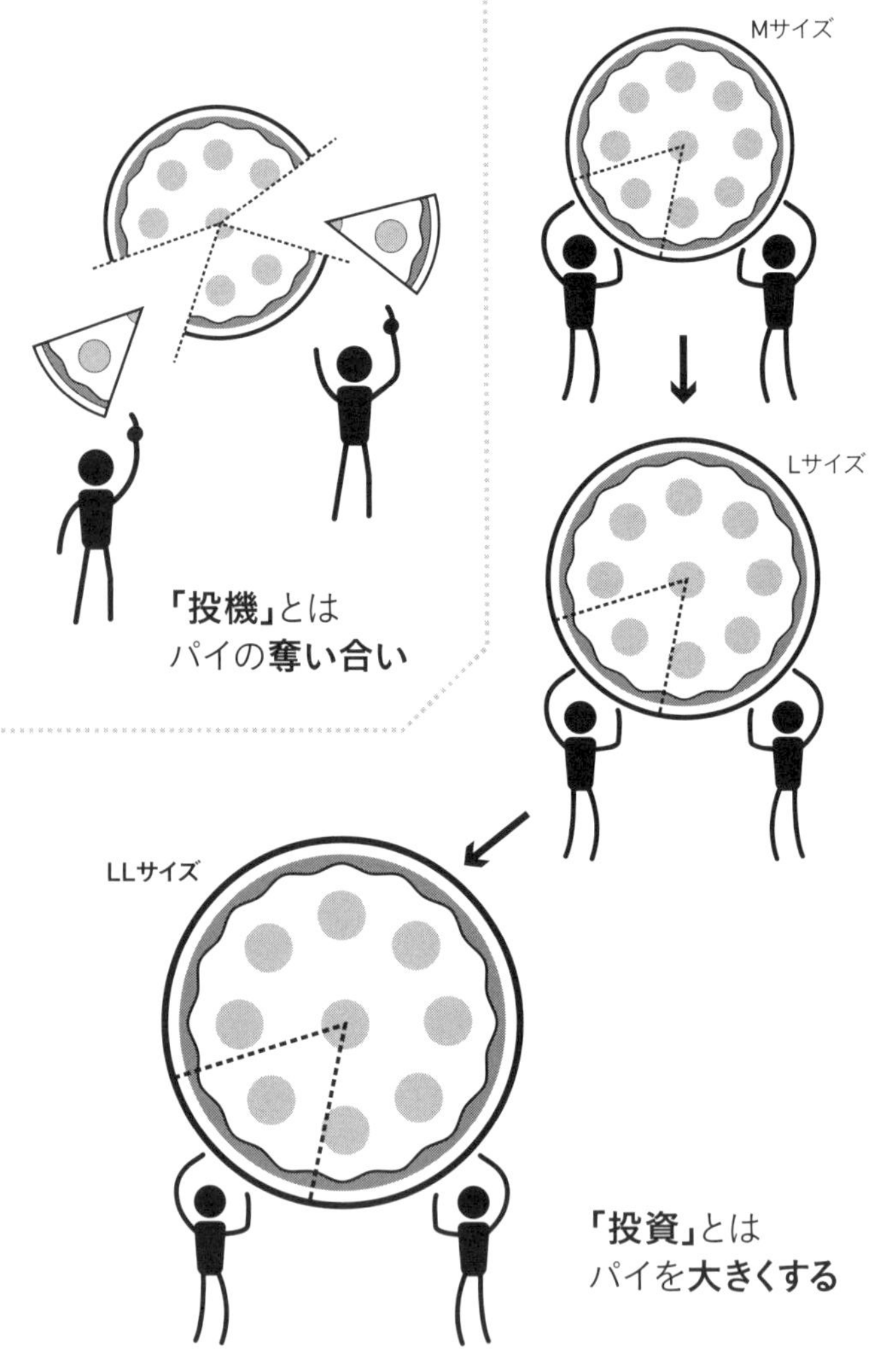
Mサイズ
Lサイズ
LLサイズ
「投機」とは
パイの奪い合い
「投資」とは
パイを大きくする

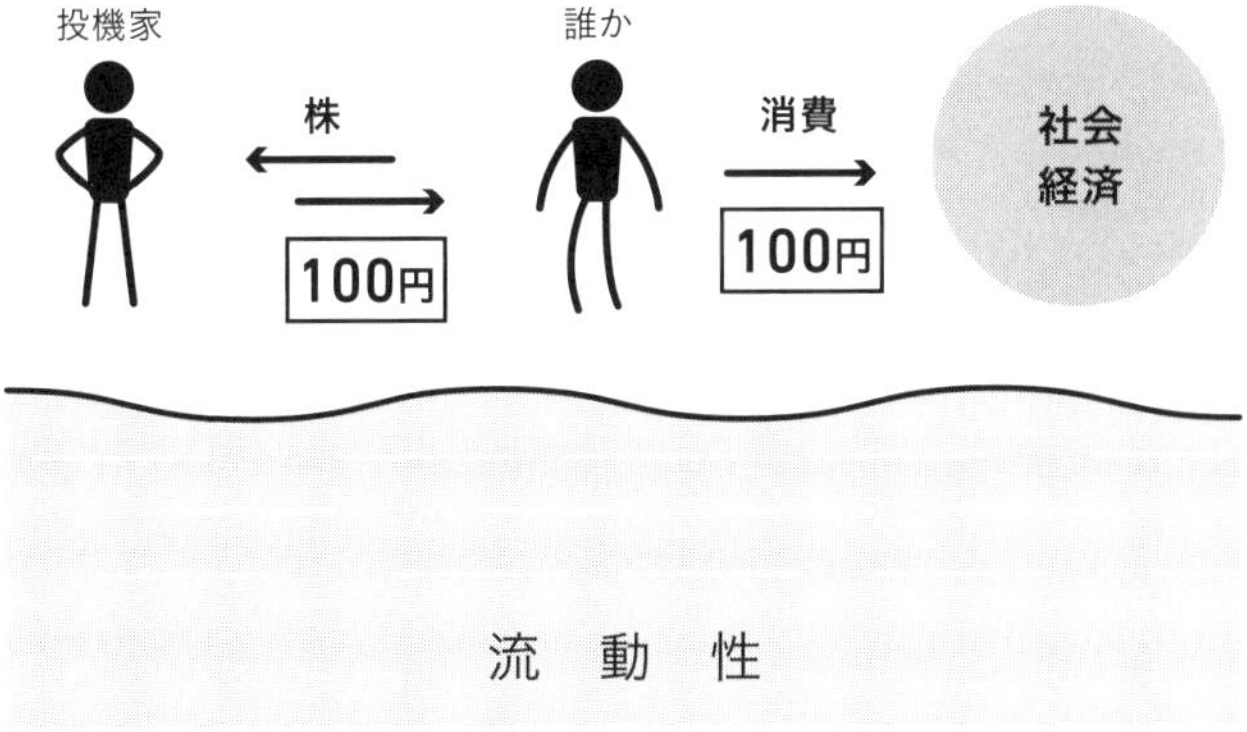

つまりは投機とは限りあるパイを価格でやり取りする行為のことで、これを経済学では前述のとおり「ゼロサムゲーム」と呼んでいる。

ちなみに企業への「投資」をこのピザの例でたとえるとすると、長期で企業の成長を支えることでピザのサイズをＬサイズにし、さらにはＬＬサイズへと成長させていくイメージ。時間はかかるものの、一人一人が食べられるピザの大きさは確実に大きくなっていく。

ただし浪費と同じく投機にも意味があって、投機家が株を１００円で買えば、誰かが１００円を手にすることになる。１００円を手にした誰かがその１００円を消費すれば、お金の流れが生まれて社会への貢献が生まれる。つまりは投機家がいることで経済が活性化するのだ。このお金の流れのことを経済学では「流動性」といっている。川に水が勢い良く流れるようなシーンをイメージされたい。

先ほどホス狂いの例を挙げたが、それにより女性たちがお金を流動化させ、社会の経済活動に貢献してくれていることもまた、一つの真実なのである。

デイトレーダーになれば「お金に使われない」人生を送れるか？

経済学の教科書のごとく「投資」と「投機」の違いについて説明したが、実はそれにはわけがある。

この章の冒頭で私は、「お金に使われる人生でなく、お金を使う人生を送ってほしい」と書いた。これこそが本書の目的で、大学などで講義する機会があれば繰り返し伝えていることでもあるが、この言葉が一部の学生を喜ばせ、相談を受けることがしばしばあるのだ。「おっしゃるとおり、就職して人に使われ、お金にも使われるような人生は送りたくありません。デイトレーダーになればお金を使う人生が送れるに違いない。どう思いますか？」という、デイトレーダー志望の学生諸君からの相談だ。

これには、株の大量誤発注に乗じてわずか16分で20億円の利益をあげた某有名トレーダーのように、トレーダーがネットであたかもスターであるがごとく持ち上げられている影響もあるに違いない。

わずらわしい上司も持たず、みずからの才覚のみを頼りとする一匹狼的なライフスタイル。さらにはわずか十数分で巨万の富を築くことも可能なデイトレード、つまりは「投機」の魅力に、学生諸君が惹かれる気持ちは理解できる。「若いうちはそれぐらいの山っ気があるほうが頼もしい」とさえ思うほどだ。

結論からいうと、大学の教員でもなく就職課の職員でもない私には、勧める気もなければ、止める気もないというのが正直なところだ。

ただ私に言わせると、デイトレーダーという投機家は、「お金を使っている」存在に見えて、その実、「お金と働いている」存在でしかないと思う。デイトレーダーになれば就職しないで暮らせるように見えるものの、彼らはデイトレードという職業に就職してしまっている。かたやオフィス勤務、かたや自宅でモニターに囲まれてという違いこそあれ、本質は労働者であることに変わりはない。やはり「お金に使われている」のだ。

さらにいえば、トレーダーとしての人生を選択しても、その世界で勝てるのか？それも一度の幸運ではなく持続的に勝ち続けられるかは、まったく別の話なのだ。

そもそも、トレーダーとして日々売り買いを繰り返し、株式相場で目を見張る成績を上げ続けるのは生易しいことではない。トレーダーとは、日々、シビアに結果が求められる仕事で、そこで生き抜くには常時並々ならぬ勉強と、毛が生えたような強心臓が必要となってくる。何よりもセンスや嗅覚も必要だし、マネーゲームの対象となる企業やその従業員がどうなっても構わないという非情さも欠かせない。

投機家には常に高い情報収集力と研ぎ澄まされた集中力、さらにはある意味、修羅の道を行くような覚悟が必要だ。その覚悟と真剣さがあってデイトレーダーを目指すのであれば、それも人生。止める気などさらさらないし、むしろ「頑張れよ！」と声援を送りたいところだ。

ただそうした諸君も、目をショボショボさせながらモニターにかぶりつき、難しい勉強や情報収集、あるいは相場の急落で寿命を縮めるような思いをしなくても、「お金に使われず、使う立場になれる」方法があることは知っておくべきだと思う。

それが「投資」であり、その一つの形が「投資信託」なのだ。

熊谷幹樹自伝 2

澤上篤人著『この3年が投資信託の勝負どき』と出会う

今でもこれほどつらいことはそれ以降の人生でもなかったと思うほど悲惨な中学時代を送りましたけど、高校時代はスポーツに勉強に充実した時間を送ることができました。卒業後は、東京の大学へ進学しました。将来は、エンジニアになる道を考えていたからです。

これは安保闘争で先生になれなかった父の影響もありました。教師の夢を断念せざるを得なかった父は、土建会社に入社して地質エンジニアになりました。ボーリングといって穴を掘る、土木関係の仕事の中でもちょっとマニアックな仕事です。

小さいころにあの福島第一原発に連れていかれたことも覚えています。津波は別として、ああした発電所で要注意なのがカミナリなんです。落雷に備えるには穴を掘って、そこに鉄製の避雷針を入れ、大地に電気を逃がす仕組みが欠かせません。その仕事の関係であちこちの発電所に連れていってくれました。

父はのちに、宮崎駿監督の映画『風の谷のナウシカ』に感動して、44歳の時に映画に登場する森（woods）の名前をとった「テクノウッズ」という会社を起業しています。祖父も建設会社を起業しましたから、わが家は先生一家であると同時に、起業家一家ということもできるでしょう。

そんな家でしたから、わが家にはどこか起業を勧める家風がありました。父からも、「みんなと一緒に就職するよりまずはやりたいと思えることをやれ。そのほうがあとになってかならず生きる」と言われていたほどです。

それで大学4年の時に、「世界を見たい」という思いから、大学にあった交換留学制度に申請し、無事合格。そしてオーストラリアに留学しました。4年次に行っていますから、就職活動すらしていません。

7ヶ月後、オーストラリアから帰国して、「そろそろ就職、さて、これからどうしようか?」と思っていたら、父が「これ、おもしろいぞ」と言って一冊の本を渡してくれました。表紙には、『この3年が投資信託の勝負どき』という書名と、著者として、『澤上篤人』という名前がありました。

君たちに「投資をしない未来」はもうあり得ない

前項では「投資」の概念や役割を学んでもらった。その上で一つの現実を伝えたい。「投資」、すなわちお金に働いてもらうこと、それによって財産形成を目指していく行為が、これからの日本人にとって不可欠になっていくことは間違いないという事実だ。

財産形成を目指すための身近な投資機会もさまざまに存在する。みずから選んだ個別株に投資する株式投資から始まって、プロに売買と運用を任せる投資信託、さらには不動産投資や金《きん》投資などさまざまあるが、私としては君たちのような学生や若手ビジネスパーソンの諸君には「投資信託」、それも株式投資を中心にした投資信託を勧めたいと思っている。

投資信託を勧める理由とそれについての説明は第2章まで置いておくとして、なぜ投資をしない未来はあり得ないのかと問われれば、1つは、日本はもう「成長の約束」がない国であるということ、2つ目として、超高齢化の中、さまざまな社会保障費の増大が避けられないという現実があるからだ。

かつて、この日本という国には、長期に亘って世界が羨む経済成長を謳歌した時代があった。「高齢化」どころか、国民はこぞって若かった。皆懸命になって働き、皆旺盛に消費していた。

国そのものもまた、わが世の春を謳歌していた。経済成長とともに国民の収入は増加するばかり。

だが、そういった時代は終わり、今では逆回転の時代に。国民は高齢化し、人口も減少へ。かつてのような国全体の経済成長がなくなれば、毎年の収入の増加にも保証はない。かつては国全体の経済成長が強い追い風として懐を潤してくれたが、その追い風も今はない。これからは自分で未来を切り開いていかなければならない。

そしてもう一つの点は、社会保障費の増大である。すでに就職し、ビジネスパーソンである諸君の中には、初めての給料日に振り込み明細を見、額面23万円のはずの給料が、社会保険料や税金を引かれたことで18万円程度になってしまっているのにびっくりした人もいたことだろう。この社会保険料は、今後ますます跳ね上がっていくことになる。

ちなみに財務省の統計によれば、2023年現在、国民全体の所得に占める税金や社会保障費の割合は46・8%。所得のおよそ半分が、税金および社会保障費として徴収されている計算だ。

中学時代、歴史の授業で「四公六民」という言葉を聞いたことがあるだろう。

江戸時代の税率を示した言葉で、「年貢として4割を藩へ納め、6割を農民の収

社会保障費の国民負担率の推移

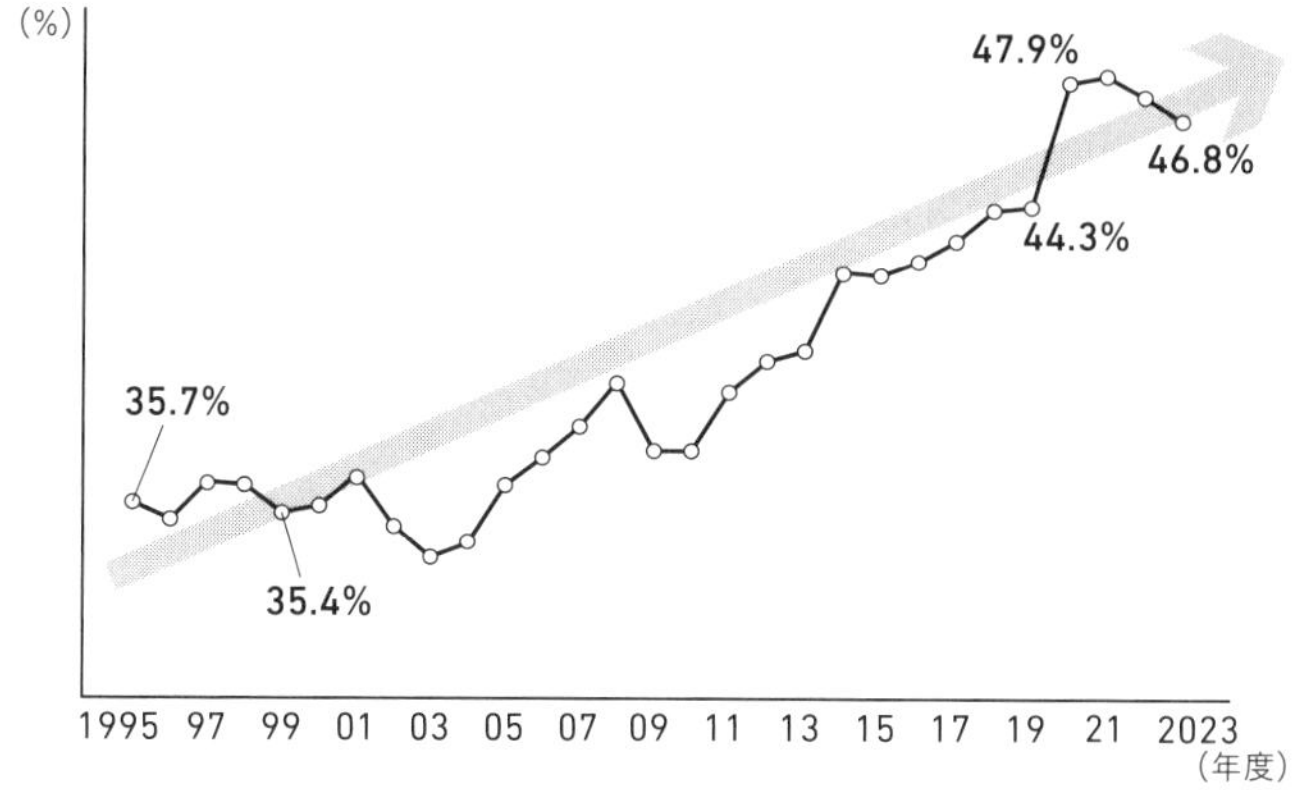

出典：財務省「国民負担率（対国民所得比）の推移」をもとに著者作成

入とする」という意味だが、支払いを免れない社会保険料を税と見れば、われわれは江戸時代の農民よりも重い年貢を背負わされていることになる。

この社会保障費の割合は右肩上がりに増加していて、１９９９年度（平成11年度）に35・４％だったものが20年後の２０１９年度（令和元年度）には44・３％と９％近くアップ。令和に入って多少は落ち着いたものの、入った当初の２０２０年度（令和２年度）には47・９％と３％も増加した。

さらには今後、君たちが受け取る年金額が減ることも確実視されている。

〈イメージ図〉

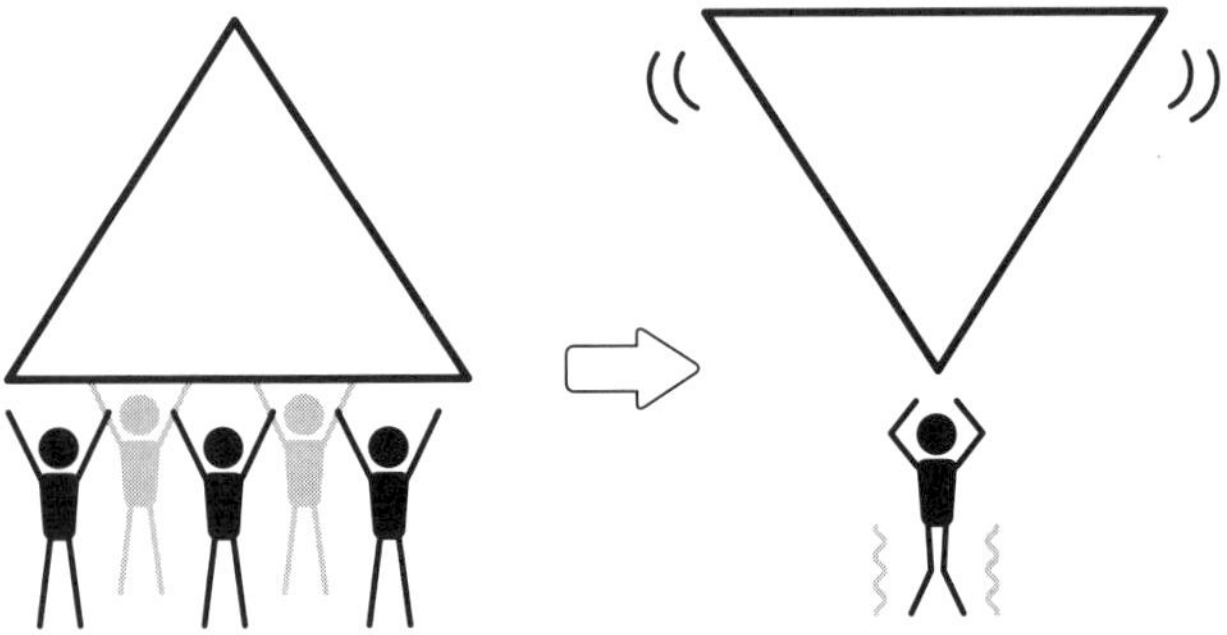

これは日本では年金はみずから積み立てた金額を受け取るという方式でなく、現役世代の収入から受け取る方式を取っているからだ。これを「賦課《ふか》方式」という。

かつてのように、人口動態がピラミッド型を描いていたうちは、賦課方式は確かに理にかなった年金のあり方だった。だが、現在のような逆ピラミッド型の人口動態では、現役世代の負担は増す一方となる。そして現役世代の負担増加にも限界がある。となれば、年金受け取り世代の受給額の削減は避けられない。

その一方、頼りの金融機関といえば、現在、銀行の定期預金の金利はわずか０・００２％

（２０２４年3月時点）。確かに昨今、金利が上がり始めてはいるが、それでも０・０７％といったところで、これは１年間１００万円預けた場合の受け取り利息が20円だったものが、７００円になったに過ぎない。まあ確かに、駄菓子屋でフィリックスガム２つ買うのがせいぜいだった利息が、松屋でみそ汁付きの「ネギとろろ牛めし」の並盛りを食べても、70円のおつりがくるほどになったとはいえるだろうが。

つまりは日本人がもしも将来金銭的な不安や制約から解放され、必要なもの、好きなものを購入し豊かに暮らしたいと思ったら、これまでのような勤労収入や、引退後の年金だけに依存することは構造的に難しくなる。だからこそ「お金に働いてもらう」。投資を選択しない未来はもうあり得ない。

そしてその必要性は、われわれよりもずっと厳しい時代を生き抜かなければならない君たち若者世代にとって、より切実になるはずなのだ。

格差社会では金融リテラシーの有無が格差を決める？

社会保障費は右肩上がり、年金は削減という未来は、日本に何をもたらすのか？

給料の約半分が徴収されるような社会では、給与以外の収入源を持つことなしに現在の生活水準を維持することはできない。日本は望むと望まざるとにかかわらず、給与以外の収入源を持つ者と持たない者に二分された格差社会になっていく。「一億総中流」は過去のものとなり、持てる者はさらに豊かになり、そうでない者はさらに貧しくなる、つまりは現在のアメリカのような社会になっていくだろう。

では格差社会の中で、上になる者と下になる者とを二分するものは何か？

多くのビジネス書やお金に関する本は、こう答えることだろう。金融リテラシー、つまりは「お金に関する知識」のある・なしが決め手となる!! と。

金融リテラシーとはなんともカッコイイ言葉だが、私は金融リテラシーそのものが重要だとは思わない。お金の知識が無意味だとは言わないが、知識よりも、お金を何のためにどう使うかが本質である。もしそうでないならば、経済学の先生方は全員スーパーリッチになっているはずだ。

必要なのは「目的意識」と「行動力」だ。

つまりは目的意識を持って情報を集め、目標を設定し、それを実現するために必要なお金と対峙していくこと以外あり得ないのだ。金融リテラシーという名の下、夢や目標もなく、知識ばかり詰め込んで行動を起こさなければ、きっとお金は増えてはいかないだろう。

ちなみにお金を貯める、あるいは増やす方法は、以下の4つしかない。

詳しくは第2章で解説するが、①「稼ぐ力を伸ばす」②「コスト削減」③「長く働く」④「お金を働かせる」がそれだ。

この4つどれもがきわめて大切だが、君たち若者にとってもっとも大切なのは、

①の「稼ぐ力を伸ばす」だろう。私は「生み出す力」と表現することもある。だがこれは、一朝一夕に身につくというものでもない。

②の「コスト削減」も大切で、特に投資の原資づくりには欠かせない。ただし君たちのような若者の場合、今は③の「長く働く」は考えるべきではない。労働時間の短縮が世の流れだし、就労期間延長が視野に入ってくる定年ははるか先。さらには副業を持って長時間働くよりも本業に専念するほうが、もっとも大切な①「稼ぐ(生み出す)力を伸ばす」ために、正しい姿勢であるからだ。

そうなると、前述のとおり④の「お金を働かせる」すなわち投資が、これから日本人にとってとても重要な選択肢になる。

投資を始める上で、投資先として投資信託を選ぶ者も、自分で選んだ企業の株式に投資する個別投資を選ぶ者も、あるいは金投資など、数ある投資の中からどれを選んだとしても、きっと知人に話を聞いたり、あれこれ調べたりもするだろう。動いていくうちに少しずつ理解も深まり、これまで聞き流していたニュースの内容も耳に残るようになるはずだ。さらに興味がわけば、日本経済から果てはインド経済の行く末まで調べてみたくなるかもしれない。新しい発見があるたびに、新しい疑問が生まれてくるに違いない。それがまた次の行動を生んでいく。

投資に向けて行動を起こすことで世の中の動きに敏感になり、敏感になることで社会に対する知識が雪だるま式に増えていく。こうした循環は実際に行動し、投資を「他人事」でなく、「自分事」にして初めて生まれる。投資とは、そうした視野を広げる機会を買うことでもあるのだ。

つまりは目標を設定して行動を起こすことこそが、「真の金融リテラシーを身につける」ことそのものであり、いくら学校に通っても、本当の金融リテラシーは行動抜きに身につけることなど決してできないものなのだ。

株価高騰で潤うアメリカ、それでも苦しい日本

本書を読み進めて、君も多少は投資に興味を持ち始めたかもしれない。するとこうした質問が出ることがしばしばだ。

「いつ投資すればいいいんでしょう？　今、投資すれば儲かりますか——!?」

昨今、株価の上昇が激しい。君も新聞やテレビで「バブル崩壊以降最高値を更新」という言葉を見たり聞いたりしたことがあるだろう。

私のような長期投資家にとっては、実は現在のような株価上昇局面よりも暴落のほうこそがボーナスチャンス。狙っていた株を安価に手に入れることができるからだ。

ちなみに、さわかみ投信が「ファンド仲間」とお呼びしているお客さまの中には、「暴落を待っているのにこれ（株価急騰）では困る」とおっしゃる人さえ存在する。長期的に見れば、高値でファンド（投資信託）を買うよりも安値で買ったほうが当

然利益が出るのがこうした声が聞こえてくる理由だが、投資初心者には株価急落で市場もマスコミもこぞって顔面蒼白という状況よりも、今のような上げ相場のほうが魅力的に映ってしまうのも理解できる。

そこで君たちのような未来の投資家たちに向けて、コロナ禍の傷も癒えない中、生活は苦しいのに、なぜ今、株価が上昇しているのかについて考えてみたい。

現在の株価急騰の理由は、世界中が行っているお金のバラマキがあるからだ。

そもそもの始まりは、２００８年9月15日のリーマンショックだった。

アメリカの名門投資銀行「リーマン・ブラザーズ・ホールディングス」がサブプライム住宅ローン危機をきっかけに破綻。アメリカ五大投資銀行グループの第４位にまで上り詰めていたこの銀行の破綻は、世界中に信用収縮による金融危機を巻き起こした。日本では日経平均株価が大暴落。同年9月12日には1万２２１４円だったものが、およそ1ヶ月半後の10月28日には６９９４・9円に下落。世間では派遣切りや雇い止めが続出し、こうした人々を救うことを目的に「年越し派遣村」が設置されたのも、この年の年末のことだった。

1929年のブラックサーズデー（暗黒の木曜日）以来という株価急落に世界的大恐慌の発生を恐れた当時の米国大統領ジョージ・W・ブッシュは、金融システム救済のために7000億ドルの支援を行う緊急経済安定化法案に署名した。

これがバラマキの発端となるが、その後も続けられたこの金融支援に拍車をかけたのが、2019年、突如として起こったコロナ禍だった。

アメリカやEUはもちろん、日本でも国民全員を対象とした10万円の特別定額給付金や、中小法人に最大250万円の事業復活支援金の配布が行われたのは記憶に新しい。さらに日本では、「アベノマスク」と揶揄された布マスクを国民一人につき2枚配布することまでやってのけた。ちなみにアベノマスクには、総額260億円かかったといわれている。

コロナ禍で、お金を使いたくても開店しているのは食品スーパーとドラッグスト

家計の金融資産構成

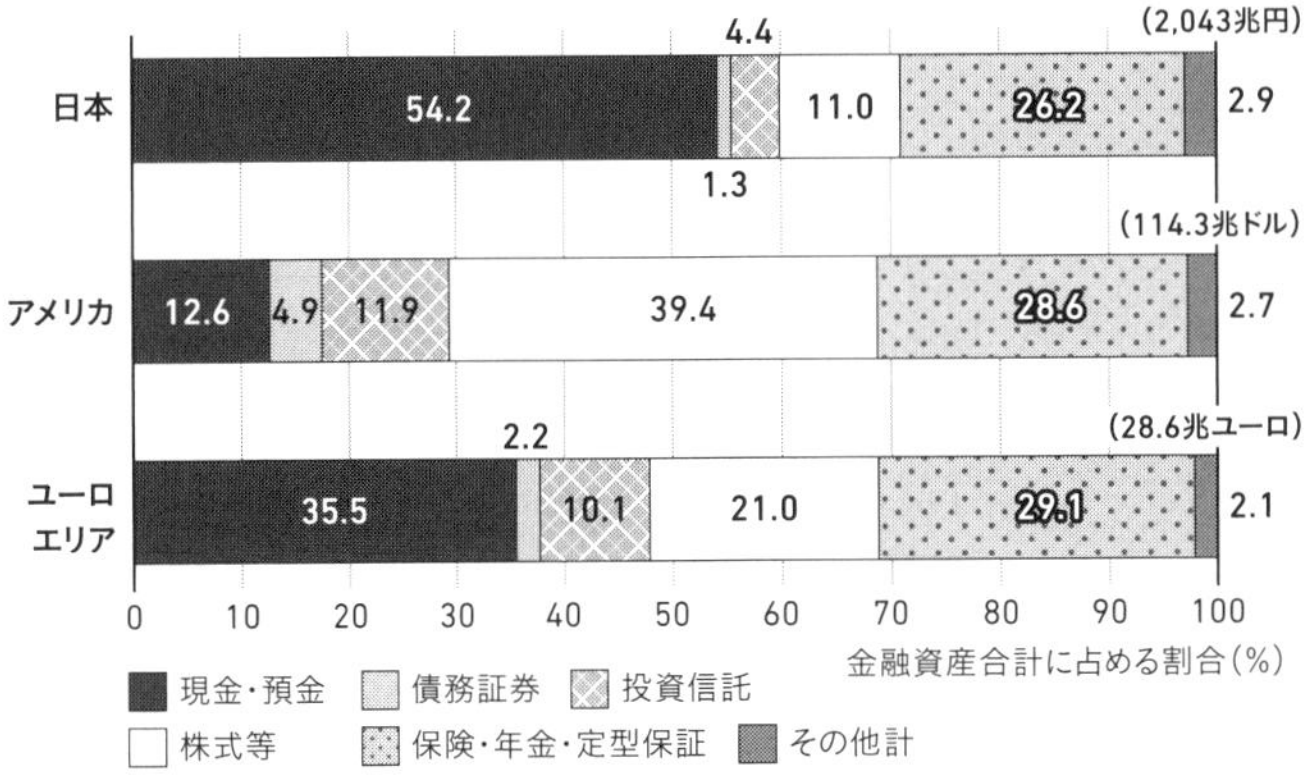

＊「その他計」は、金融資産合計から、「現金・預金」「債務証券」「投資信託」「株式等」「保険・年金・定型保証」を控除した残差。

参考：日本銀行調査統計局「資金循環の日米欧比較」より

アだけという状態の中、支援金として配布されたお金はどこに流れたのか？

日本では貯金に、海外では投資に向かったのだ。これが昨今の世界的株価高騰のもっとも大きな要因になっている。

ただこの世界的なバラマキは、アメリカでは確かに景気回復に効果があった。

なぜならかの国では、投資はどの家庭でも行われているきわめて一般的な行為だからだ。

2023年8月の日本銀行調査統計局による「資金循環の日米欧比較」の「家計の金融資産構成」によると、日本の家計に占める株式投資は11%。投資信託の4・4%を加えても15%強しかない。一方アメリカでは51・3％と、資産の半分以上を投資に向けているのだ。資産の半分以上を投資にまわしているアメリカ国民の懐は、この世界的上げ相場の中で潤い、消費を謳歌している。その一方、「投資より貯蓄」の日本人は、雀の涙のような低金利の「預貯金」という貯金箱に財産の多くを眠らせ続け、物価高も相まって、「生活が苦しい」とうめいているのだ。

お金の世界的バラマキについては、専門家にも賛否両論、さまざまな視点、さまざまな見通しがある。

だが、投資に目を向けている国では株式市場は活性化し、消費意欲も高まってさらに経済が元気になるという好循環が生まれている一方で、そうでない国は株価上昇の恩恵も受けられず、「お金が欲しい」とただ悲鳴を上げているだけというのもまた、現実なのである。

聞き書き 熊谷幹樹自伝3

「いつか世界と対等に戦える人材がこの会社から出る」に心を射ぬかれて

『この3年が投資信託の勝負どき』という本は、タイトルどおり今こそ投資信託を始めるベストタイミングであることを書いた本でした。ですが僕には、経済の本ではなくて、小説というか、未来を描いた物語のように読めたんです。

なぜかというと、経済の話そのものよりも、「これから日本はどうなる」とか、「未来はこうなる」とか「未来への夢」が書かれていたからでした。

その108ページの右から4行目。今もそらでページ数が出てきますけれど、そこに著者の言葉として、「さわかみ投信という会社は今はまだ小さいけれど、ニューヨークやロンドン、いわゆる金融の猛者どもと対等に戦える人材がこの会社から生れてくるだろう」という一節があったんです。

それを読んで、21歳の若かりし僕はもう、心を射ぬかれてしまってね（笑）。「自分も世界で勝負する人材になりたい！」と真剣に思いました。それで、いわゆる一般的な就職活動は一切せずに、著者の澤上篤人さん宛に履歴書と、「自分を雇ってください」という手紙を添えて送りました。手紙には、入社して挑戦したいことを書いたのを覚えています。

先ほども述べたとおり、わが家は祖父も父も起業家でしたから、自分の中にもどこかベンチャー企業に惹かれる傾向があったんだと思います。さらには卒業間近で、「いまさら一般企業に応募してもどんなものか」と思っていたところも正直、ありました。

ただそんな現実的なことよりも、「小さな会社から世界と伍していく人材になっていく」という物語に、強烈なロマンを感じたんです。

まさに僕の人生を変えた、運命のフレーズとの出会いでした。

格差社会で大切なのは機会の平等

日本は今後、アメリカと同じとまでは言わないが、間違いなく格差社会となっていく。現在、学生や若手ビジネスパーソンである君たちは、壮年期を格差のまっただ中で送ることになるはずだ。だが、この格差社会こそが文明を発展させ、暮らしを便利にしてきたであろうことは、認識しておくべきだと思う。

格差がある社会とは「自分で判断し行動する人物」、あるいは「能力がある人物」がきちんと評価されて多くの収入を得、いい待遇が得られる社会であると思う。そしてイノベーションとは、こうした実力がある人たちが正当に評価される社会でこそ起こり得る。さらにいえば文明もまた、「より良い暮らしがしたい」と願えばこそ発達するのであって、逆の社会では文明の発展はあっても、そのスピードはずっと緩やかであるはずだ。

人類にこれ以上の発展が必要か否かの議論はおくとして、2007年に誕生し、それ以降の世界をガラリと変えたiPhoneもまた、アメリカという格差社会の中で誕生した。「生活を今よりずっと便利にしたい」「生活をより便利にする製品を作って新しい時代を創造したい」という企業や起業家がいて初めて生まれ出ることができたのだ。

君を始めとする人びとがこの世界がより便利になることを望むなら、野心的な企業や起業家が栄えるのは必然。そうでない企業や人びとと格差が生じてしまうのは、避けて通れない現実なのだ。

アメリカのウォートン・スクールで学び、格差社会アメリカの美点も欠点も身をもって経験した一人として、日本の美点、すなわち協力して田畑を耕して成果を分け合う農耕民族的社会の良さと、「おかげさまで」とお互いに感謝し合う日本社会の美しさは、これからも大切にすべきだと、強く、強く、思う。この本も、一億総中流が過去のものとなりつつある中、日本全体の底上げを願って上梓《じょうし》したものだし、さらには先に書いたように、お金の本来の姿とは、支え合い・助け合いのツールなのだから。

ただ格差社会の到来が不可避な中、今後の日本に必要となるのは、格差社会を否定して恐れおののくよりも、社会全体で機会平等を図ることだ。つまりは、住んでいる場所の問題で学びたいものが学べない。あるいは両親の経済的な理由で進学したくても進学できない人や、専門知識を得る機会を得られなかった人たち。そうした理由で取り残されてしまった人たちへの、社会全体でのバックアップである。

格差社会に立ち向かうためのツールこそまさにＩＴであり、経済的なハンデによる機会喪失の解決には、持てる者となった人たちが、そうでない人たちに徹底して機会を提供する社会となることが大切だろう。

つまりは日本中のありとあらゆる人や企業が、自分の職場や持ち場において、若い人、恵まれない人、チャンスを求めている人びとに、力を発揮する場を与える社会である。具体的には、希望者には男女や年齢の区別なくあらゆる仕事にトライさせ、活躍できるチャンスを提供することだろう。望めば職種に関係なくチャレンジできる環境づくりや、スキルを伸ばす学びの場の提供なども欠かせない。

これは企業から個人まで、日本社会全体で行うべきことだから、提供できるものに大小や違いがあって当然だろう。身の丈や、それぞれの能力・職種にマッチした小さな機会提供であってもかまわない。たとえ小さなチャンスであったとしても、数が集まれば相当な機会の提供になるはずだ。

お金に限らず、持つものがある者からまだ持たざる者へのこうしたさまざまな提供を、欧米では、「Noblesse Oblige（ノブレス・オブリージュ）／財産や権力を持つ者はそれ相応の社会的責任や義務を負うという道徳観」と呼んでいる。

ただし逆説的ながら、結果の不平等もまた、受け入れなければならない。

財産や能力のある者はそうでない者にチャンスを与えるようになるべきだが、そうした助け合いのもと努力を重ねても、全員が同じ果実を受け取れるとは限らない。

努力と才覚、そして幸運に恵まれて豊かな実りを手にする者もいれば、同じ努力と才覚があっても、思わぬ不運で水の泡となる者もいる。

どんなに機会を平等にしてみても結果は不平等なのが、残念なことながらこの世の現実なのである。

聞き書き

熊谷幹樹自伝 4
「スモール・イズ・ビューティフル」

履歴書と手紙を送る前、実は父に相談しています。

「薦めてくれたこの本、すごくいいと思うんだけど、どう思う？」と。

すると「レポートがすごい」「彼（澤上篤人）の言っていることは決してブレない」との答えがきました。相当の高評価ですよね。それで「この人の会社に就職したいんだけどどうだろうか？」と相談すると、「厳しいだろうがいいんじゃないか」と言われました。

実はうちの父は澤上篤人さんとは、投資を通してつき合いがありました。うちの父は「さわかみファンド」で185番のアカウントナンバーを持っているんです。これはさわかみ投信の、185番目のお客であることを意味しています。わずか100番台ですから、ファンドのもっとも初期からのお客の一人。オープン時からファンドを持っていた一人といっていいでしょう。

ファンドオープン時、まだ海のものとも山のものともわからなかった小さな投資信託会社からファンドを購入してくれたのはわずか487人だったと聞いていますから、父はあんな熊が出るような田舎にいながら「貯蓄から投資へ」の時代がくるとわかっていた。わが父親ながら、やっぱりたいした起業家なんだろうと思います。

さて、履歴書と手紙を送ると、即「面接に来い」という連絡がありました。

当時のさわかみ投信のオフィスは、番町にあったビルの6階にあったんです。入って右手の小さな応接室に机と椅子が置いてあって、そこで面接を受けることになりました。呼ばれたのは確か夕方だったと思います。

応接室で緊張しつつ座っていると、凜とした品格高い男性が、さっと入ってきて僕の目の前に座りました。今ではいいおじいちゃんになっちゃいましたけど、初めて会った「澤上篤人さん」は実にカッコイイ感じでしたね。「なんで入社したいんだ?」とだけ言われて、一所懸命答えたんですけれど、「ええか、スモール・イズ・ビューティフルだぞ」と言われたのを今でも鮮明に覚えています。

ようするに、「うちはこれからスゴイ会社になる。ものすごく成長するけれど、経営にぜい肉をつけちゃいけない。どれだけ成長してもスモールでいることが再現性と持続性を生むんだ。それを忘れるな」と言うんです。

「スゴイ会社」が「スモールでい続ける」ってところに感動していたら、なぜか発泡酒を持ってきてくれて、その場でプシュッと栓を抜いて二人で乾杯。ビールでなくて発泡酒ってところが、〝スモール・イズ・ビューティフル〟でブレていないでしょう(笑)?

僕の入社は、こうしてわずか15分の面接で決まったんです。

「親ガチャ」「出身地ガチャ」克服には投資しかない

65ページで、両親の所得や地域格差で人生のスタートから不利になる不条理について触れた。

東京大学が毎年実施している「学生生活実態調査」の2020年度版データによれば、東大生の親の年収は一千万円以上が最多で42・5％。職業に関しても、その38・4％が管理職という結果になっている。ちなみに東大生で奨学金を受給している学生は14・9％とかなり低いが、利用しない理由については、「受ける必要がない」と「(収入が多くて) 出願資格がない」で85・4％を占めている。

これは東大の学生は、奨学金を利用しなくても学費と東京で暮らす費用をらくらく賄える高収入の家庭の子弟が多いということにほかならない。実際のところ、高収入の家庭の子どもでなければ東大進学は難しい。知ってのとおり、日本最高峰とされるこの大学への入学には、学校以外での学習、つまりは家庭教師や塾、予備校が欠かせないのが現実だからだ。

このように、「親ガチャ」で社会に出ていくずっと前から人生設計に有利・不利が生じているのは統計的ファクトだし、さらにいえば国を問わない人類的ファクトでもあると思う。この非情なファクトに憤りを感じている読者諸氏も、きっといるに違いない。

こうした親ガチャを始め、「出身地ガチャ」の挽回にも、実は投資が有効であることはぜひとも覚えておいてほしい。なぜならば、投資信託ならば現在では少額で始められるし、どんな田舎にいようともできる状態になっているからだ。

投資信託に関しては、今では月々わずか100円から1000円で始めることが可能になっている。

投資は雪だるま作りと同じで、最初の雪玉が大きければ大きいほどより早く、より大きくすることができる。だから親ガチャ・出身地ガチャを挽回するほど大きな額にしたいのならば、いくらを投資にまわしていくのかが重要だ。

実は二十数年前、私がさわかみ投信に入社したことをきっかけに、特に深い考えもなしに、弊社さわかみファンドで月1万円の「つみたて投資」を始めた大学時代の友人K君がいる。その後、社会人として成長する中で月々の積立金を少しずつ増額した等々もあって、この二十数年間の投資で彼の資産は軽く2000万円を超えている。もしもこれが10分の1の額、たとえば月1000円の積み立てだったとしたら、ようやっと200万円を超えたに過ぎない。いずれにしてもK君は40歳になったあたりで、老後2000万円なにがしの問題についてはすでに解決してしまっている。

ところで、このK君には金融リテラシーなるものが備わっていたのだろうか？

答えは即答で「NO」だ。彼はたまたま友人の私が投資信託の会社に入ったことがきっかけで「つみたて投資」を開始した。重要なのは、K君は自分の意思で口座を開設し、その後20年以上「つみたて投資」を毎月継続したということである。彼は目の前にあったきっかけ、言い換えればチャンスをみずからの意思によって現実のものにさせた。この事例からも、投資に必要なことは、金融リテラシーなどではなく、意思と行動であることがよくわかる。お金の勉強ばかりしていても、財産を築くことなどできないのだ。

同じように出身地ガチャの克服にも、住んでいる場所を問わない投資はうってつけだ。うってつけどころか、地方に住んでいる諸君こそ投資に打って出るべきだろう。なぜならば、地方のほうが都会よりも生活コストが安いからだ。

生活コストが安いぶん、地方在住のほうが投資に割ける額が増える。熊に追いかけられるような田舎にいてさえ、世界で大活躍している企業に投資できるのだ。受け取ったリターンの使い道もまた、コストの安い地方で暮らす者のほうがずっと大きい。地方で400万円の収入を持てれば、都市部で1000万円の収入があるのと同じようなレベルの生活ができるという説もあるほどだ。

地方では今、産業が衰退し、その衰退に従って賃金も下がる一方という残念な事実もある。つまりは地方在住者である者こそ、今こそ投資を真剣に学び、向かうべきなのである。

持てる者はお金を使う義務がある

お金の本質は支え合い・助け合いであると説き、さらにはお金がさまざまな企業から企業へとまわってこそ企業は給料を支払うことができ、働く人たちが生活することができると書いた。金庫で寝ているだけのお金はダム湖で溜まり続ける水と同じだ。そのままでは意味をなさない。ダムの水は放水されて勢い良く流れてこそ発電に役立ち、下流の田畑を潤すことができる。

同じようにお金がその真価を発揮するためには、社会の中で勢い良く流れていることが欠かせない。より多く持つ者は、そうでない者により多くのチャンスを提供する義務があると同時に、お金を使って社会に環流させる義務もまた負っている。

まあそれ以前に、世の中にお金がまわらなくなれば不況となり、持てる者にさえ、影響は小さくないだろうが。

どう使うかについては、究極のところ、どうでもいい。

スーパーリッチが年に数回も使わない超豪華大型クルーザーに使おうと、ブランド品やそれこそホストに貢ごうと、需要があれば雇用が生まれ、給料が支払われる。37ページで触れたように、浪費もまた経済活動。浪費によって経済に流動性が増すことになるからだ。

どう使ってもいいものの、カッコイイ使い方と、カッコ悪い使い方があるのは紛れもない事実だろう。願わくは、ほれぼれとするような使い方で社会にお金が流れる、そんな使い方をしてもらいたいものだ。

どんなお金の使い方がカッコよく、ほれぼれとさせられるかは人によってそれぞれだろうが、私にとってカッコイイ使い方とは、自分への見返りや利益を期待することなく他者に奉仕するような使い方、つまりは「利他の精神」を感じさせるような使い方がそれだ。

実は私の身近に、目標になるようなカッコイイお金の使い方をしている人物がいる。弊社さわかみ投信の創業者である澤上篤人さんこそがその人で、二十数年前の私の入社時、発泡酒で乾杯してくれたあの人物である。

その澤上さんが主宰している団体に、「公益財団法人さわかみオペラ芸術振興財団」がある。昔から芸術に深い造詣を持つ澤上さんは、日本では古くからオペラチケットが高額で、一般の聴衆には手の届かない存在であることに常々疑問を感じていた。イタリアからオペラを招聘《しょうへい》する団体もまた高額な支払いを強《し》いられ、それがチケットの価格に影響を与えていたのに気がついていたのだ。

つまりは歌劇場やエージェントを窓口としてパッケージ化して、日本に呼び込むと、中身がブラックボックス化して個々の単価が無視され、総額取引に持ち込まれていたのだ。これが高額な取引を生み、結果として、日本では低品質な公演を高額で購入することになっていた。

澤上さんはこの問題に取り組み、対等な立場で取引を行うためにイタリアに乗り込んだ。オーケストラ、歌手、合唱団、演出家、舞台装置、衣装などオペラ制作に必要な要素を分解し、個別に価格交渉を行ったのだ。これにより国際価格での仕入れが可能となり、低額で高品質な公演提供が実現されることとなった。

歌手についてはベテランが優遇され、若手に機会が与えられない実情を知り、エージェントによる個別交渉をやめ、オーディションを通じて歌手個人と直接交渉するように改善した。

これらの取り組みは、日本のオペラ界における高額価格への見切りと、低額でありながら高品質な公演を提供することへの挑戦そのものであり、同時にこれは、日本にオペラ文化の浸透を図るに留まらず、劇場に人を集めることで、地域経済の活性化までをも視野に入れた取り組みにまで昇華されることとなった。

こうした、お金を使いこそすれ、お金に使われないあり方こそが、私にとってもっともほれぼれとするお金とのつき合い方だ。

こうしたカッコイイ先達に刺激されて、私も日本酒にまつわるビジネスをみずから立ち上げた。現在、日本各地で歴史ある蔵元がどんどん姿を消している。蔵元の消滅は、貴重な日本文化の一つである日本酒文化の消滅に繋がる。日本有数の米どころにして酒どころである新潟出身の私には、これがなんとも残念でならない。

そこで香港で、日本文化の世界への発信拠点として、日本酒販売事業とレストラン事業を2014年に開業したのだ。私なりの地域社会への投資、つまりは未来への設計で、人生と情熱を傾けて貫徹するつもりでいる。

論語と算盤　お金は助け合いのツール

さて、お金のカッコイイ使い方について触れたついでに、カッコイイ投資についても触れておきたい。

投資の目的がお金を増やすことにあることは言を俟《ま》たない。ただそこには多少なりとも理想があることを願っている。君のような未来の当事者となる若者に対しては、特に。

渋沢栄一という人物がいたのをご存じだろう。「日本資本主義の父」にして2021年のNHKの大河ドラマ『青天を衝け』の主人公。さらには2024年発行の新一万円札の顔となる人物だ。

この渋沢栄一の著書に『論語と算盤』という本がある。論語とは道徳、算盤とは利潤の追求を象徴した言葉で、この本の中で渋沢は、利益の追求と道徳を調和させることの大切さを説いている。

そして不肖、この私も、大先達と同じことを君に願いたい。

つまりは投資でお金を増やすにしても、その行為に「ともにいい社会をつくろう」「投資することで日本の未来を明るいものにしていこう」等々の、高い精神性を持ってほしいのだ。お金の本当の姿とは支え合いであり、助け合いのツールであると説いた。その本来の姿を、投資においても意識してくれることを願っている。

精神性ある投資をしたいのならば、お金を託す先や投資のスタイルをよく考える必要がある。いくら儲かっていても社会に害をなす企業に投資してはならないし、短期保有も避けなければならない。世の中の流行や風潮に流され短期での売買を繰り返すぐらいなら、覚悟を決めて大物投機家になることを目指したほうがよっぽど潔い。

では「ともにいい社会をつくり」「投資することで日本の未来を明るくする」にはどんな投資を選べばいいのか――。

次章では、これについてじっくりと見ていくことにしよう。

第2章

お金を増やす方法は4つしかない

まずはつべこべ言わずに原資をつくれ！

これからの日本社会はシビアなものになっていく。君が壮年期を送る未来の日本では、より良い賃金、より良い生活を求めての競争は、今よりずっと苛烈であるに違いない。

だが、そんな社会でも、生活を安定させ、豊かに暮らすためには、当たり前の話だが経済力を強化する必要がある。つまりお金を増やす必要があるのだ。

ここで少し脱線するが、さわかみ投信の職場精神にはこんな一文がある。

「ラッキーな結果は所詮ラッキーでしかない。再現性ある結果を求めるなら、結果に至る過程を磨き込むべし」

つまり、宝くじに当せんし大きなお金が降ってきたとしても、所詮はラッキーに過ぎない。それが継続することはまずないだろう。また当せんする者もごく限られた人たちだ。

だからこそ、私たちが再現性をもって結果を出すには、その結果に至る過程を磨き込む必要がある。すなわち、再現性をもってお金を増やしていくためには、そこに向かうプロセスこそが重要なのだ。

前章でも紹介したとおり、お金の増やし方は次の4つしかない。

①「稼ぐ（生み出す）力を伸ばす」
②「コスト削減」
③「長く働く」
④「お金を働かせる」

どれもきわめて重要で、第1章では「お金に働いてもらう」、すなわち投資についての考え方を扱ったのを思い出してほしい。投資によってより良い未来社会がつくられるだけではなく、投資家はその投資リターンも収穫できるという、浪漫溢れる行為であるとの結論に至った。

だが、避けられない事実にも触れておきたい。投資して未来づくりに参加するにもお金を増やすにも、結局はその原資としてお金が必要だということだ。

前述したが、1000円を10倍にできたとしてもたかだか1万円になるに過ぎない。一方、10万円が10倍になれば100万円。100万円が10倍になれば1000万円になる。

つまり、投資してお金に働いてもらうためにも、いかにしてみずからの懐から投資資金を捻出できるのかがそもそもの出発点となる。投資家になるにも、まずは原資が必要なのである。

お金を増やす出発点はここだ。この「稼ぐ力」なくしては、すべては寝言である。とりわけ君のような若い世代には、この「稼ぐ力」を身につけて成長していけるだけの時間的猶予がある。情報を収集する力、情報を処理する力、人と対話する力（コミュニケーション力）、人を率いる力、そしてそれらを用い未来を構想する力、構想を実現に移す意思決定力、そして推進力。結果として、これらの力は集結し、やがて「稼ぐ力」として大きな富と未来を諸君にもたらすであろう。

さらに、時代も大きく変化しているという追い風もある。

今日、私たちはテクノロジーの進歩により、遠隔からでもどこでも働くことができる。地球の裏側からだって働ける。またスマホ1台さえあれば世界と瞬時に繋がれる時代だ。アイデアと実行力があれば、大きなチャンスを掴める機会が今日の社会にはあまた存在しているのだ。これはすなわち、従来は属する会社からのたった一つだった収入源を、これからは複数に増やすことができることを意味している。社会に副業に対する意識が広がっていることも、追い風といえよう。

そういった「稼ぐ力」の重要性、そしてその「稼ぐ力」を高めやすい時代の追い風を理解せず、大切な時間をお金の心配ばかりに費やしていては本末転倒である。前述した私の友人のＫ君のように、若い君たちが投資活動に参加していく意義は大きい。時間を味方につけることは、大きな投資成果に繋がる可能性がある。

とはいえ、君たちがもっとも投資すべきは金融商品ではなく君たち自身。この順番を間違ってはいけない。自分への投資こそが君の未来をつくるのだから。

②「コスト削減」 コスト削減

次にお金の増やし方として他の視点を考えてみよう。それは②「コスト削減」だ。この「コスト削減」という言葉は、聞こえるイメージ以上の壮大な力を持っていることを紹介したい。

少し話は脱線するが、諸君は企業経営にとって大切なことは何だと思うだろうか？優秀な人材を採用することや、強固なビジネスモデルを持つこと、あるいは顧客との信頼関係を構築するなど、持続的な経営を実現するために必要となる要素は多数存在する。その中でもっとも重要な要素の一つが無駄な出費を控え、コストを抑え、筋肉質な経営を実践することなのだ。

それがなぜ重要かといえば、会社を経営していく中では、さまざまな環境の変化は避けては通れない。それが追い風であればよいが、時として強い向かい風が嵐のようにやってくることがある。たとえば、コロナウイルスの感染が拡大する中では、会社経営はとてつもない苦境を強いられることになるだろう。するとどうなるか？会社の売上は一気に減少してしまうのだ。荒れ狂う嵐の中で売上を回復させることは不可能だとは言わないが、それがきわめて難しいことは言うまでもない。

だからこそコストコントロールが企業経営の運命に大きく影響する。なぜならば、売上は環境の変化によりコントロールできない局面があるが、コストは意思によってコントロールできるからだ。無駄な交際費は一切使わない。飛行機は目的と距離によってエコノミークラスを適切に活用する。ゴージャスなオフィスではなく、衛生的で生産的に働けるオフィスづくりを優先する。

コストは意思によってコントロールでき、その積み重ねは、時として驚くほどの大きな差を生み出す。結果、環境の変化によって売上が減少したとしても、コストを抑えておけば最低限の利益を創出することができ、会社経営を未来に繋ぐことができるというわけだ。

遠い昔、私がさわかみ投信に入社した時に、澤上篤人さんが「スモール・イズ・ビューティフル」と言ってくれた。心と頭にぜい肉をつけずにいれば、未来の大きな環境の変化をも乗り越えられるという未来に向けたメッセージでもあったと言い換えられよう。

話を本題に戻そう。お金の増やし方において「コスト削減」が重要であると説いた。これは企業であっても、個人であっても同じことがいえる。企業にとっての売上は、個人にとっての収入（＝給与）であり、企業でも個人でもコストは同じ。つまり、君たちの生活の中で、いかに無駄な出費をコントロールし抑えられるかで、手元に残るお金は大きく変わるのだ。

そして、一つ朗報を伝えよう。君たちは、今日から即、このコスト削減を始めることができる。無意味な飲み会に誘われたら断る。毎朝、コンビニで買っていた100円コーヒーをやめる。それだけで3000円から1万円は確実に投資にまわせるお金が生み出せる。

そして毎月1万円を捻出し投資にまわした結果の一つが、72ページで紹介した私の友人K君の例だ。

第1章で、「お金が欲しいのはまだ見ぬ未来への恐怖のため」と書いた。日本人、それも中高年が今、抱いている恐怖の一つに、「老後の生活資金2000万円」問題がある。

これは2019年の金融庁の金融審議会「市場ワーキング・グループ」の試算から世の中に広まったもので、この試算で同庁は、夫婦で老後を暮らすには年金だけでは月々5・5万円が不足すると算出した。退職後の余命期間が20〜30年あることを考えるとおよそ1300万〜2000万円不足する計算になるから、「それだけのお金を貯めなければ老後の生活がどうなるかわかりませんよ」と、政府が明言したわけだ。

子どもに着せて食べさせ、その上幼稚園から大学まで、国公立に進学させても卒業までには一人につき1000万円はかかるという教育費はもちろん、住宅ローン等々を払い終えての老後の資金2000万円だから、退職金も当てにできなくなりつつある中、日本中の中高年が恐怖したのも無理はない。

ところが取り立てて深く考えることもなく、さわかみ投信に新卒で入社した私の言葉にただ従って月々1万〜3万円の投資を行ってきた友人のK君は、まだ40代半ばでありながら中高年最大のこの恐怖を解決してしまっている。2000万円を優に超える積み立てが、すでにできてしまっているからだ。

この、「老後の資金はもう気にしなくていい状態」ほど心強いものはない。

本来なら老後に向けて貯めるべきお金を心置きなく消費にまわせるし、未来の格差社会の中でさえ、心穏やかに過ごすことができる。人によっては、起業するなどの冒険にも打って出やすくなるだろう。投資でお金を増やすことは、シビアな格差社会に対抗するための、最高の防御なのである。

だから君も、まずは無駄なコストを削って原資をつくれ。

厳しい未来を生きなければならない君たちだからこそ、もう一度言う。

四の五の言わず、無駄なコストを削って投資にまわす原資をつくれ！

聞き書き

熊谷幹樹自伝 5

入社当日から即、徹夜

15分で入社が決まったのはいいんですが、そのあと澤上篤人さんから「じゃあ、いつから来る？　今夜から働くか？」と。

さすがに入社は面接同日じゃなくて、その翌日くらいだったかと思います。

僕の入社の1年半前、1999年8月24日に設定されたばかりのさわかみファンドとまったく同じく、さわかみ投信そのものもまだ本当に小さくて、僕で入社10人目ぐらいでした。当時の弊社はベンチャーもベンチャー、どベンチャーで、なんと言うのか、事業は信じられない勢いで伸びていました。当初、業務管理部に配属されたんですが、配属なんてあってないようなもの。入社当日から何でもやって、それこそ何日も徹夜しました。

当時は口座開設の資料申し込みが毎日300から400。マックス800という日もあったなあ。資料や口座開設申込書は全部手作業で封入し、それを自分たちで発送するんです。封筒に資料を入れて、ふたの部分を手で折って、それから閉じてっていう作業を1日300から800も繰り返すと、指紋がなくなってしまいます。

同時に入金もあって、生まれたばかりのさわかみファンドへの注目の高まりから、当時は毎日1億円以上の入金がありました。

そんな形で、入社以降想像もしていなかったような大冒険が始まっていくわけですが、僕はダントツの最年少で、かつ社会人としても初めての職場。大人の先輩方とちゃんと一緒に働いていけるかは不安がなかったかといえば嘘になります。

今でも入社初日のことを覚えています。とある同僚からランチに誘われました。同僚といっても先輩ですが、どうやら会社にはもう一人だけ20代がいたようでした。

ロン毛で、身体がゴツくて真っ黒な、どこから見てもサーファー。イカツイ感じだけど、なんだかやさしい雰囲気。初めての会話は、「スポーツ、何やってんの?」。僕が「バスケです」と答えたら、「自分はラグビー」と言ったのを覚えています。

そのロン毛でイカツイ真っ黒な同僚こそが、僕に先立つこと半年前に入社した、弊社現社長の、澤上龍でした。

君たちは③「長く働く」から逃れられない

お金を増やす手段として①「稼ぐ（生み出す）力」、②の「コスト削減」に触れたついでに、③「長く働く」 長く働く についても触れておこう。

一般企業における副業解禁に加え、少子高齢化や人口減少が進む中、労働力を確保し経済社会の活力を維持するために、定年後の継続雇用期間は今後ますます長くなることが予想されている。２０１３年に改正された「高年齢者等の雇用の安定等に関する法律（高年齢者雇用安定法）」で２０２５年から65歳までの雇用確保が義務づけられたのと同時に、65歳から70歳までの就業機会確保の施策を講じることが、「努力義務」となった。

さらには政府が年金の満額支給を明らかに70歳以降にしたがっているのを見れば、それほど遠くない将来、オフィスワーカーの多くがその年齢まで働き続けることになるだろう。君たち学生や若手ビジネスパーソンの多くは、おそらく嫌でも長く働き続けることを選ばざるを得なくなる。先ほど老後の生活資金２０００万円問題を紹介したが、そもそも２０００万円の資金で足りるのかという問題もある。近年世界で進むインフレーションによる物価の上昇は、当然ながら日本にも大きな影響を与えている。実際、今日の生活の中で物価上昇を体感している人も多かろう。

現在、日本という国はカロリーベースの食料自給率が38％（令和4年度農林水産省統計より）に過ぎない。つまり私たちは食料の多くを輸入に頼っているのだ。

その上で、２０８６年には世界の人口が１０４億人になるとも予想されている。そうなれば世界中でエネルギー資源、水、そして食料を分け合うことになる。日本が現在のような食生活を望むのならば、今以上に高いお金を払い、世界市場で食料を確保するために競り合わなければならない。

つまりは現在ならば２０００万円あればどうにか食べていけたとしても、10年後、20年後にはまったく異なる環境が私たちを待ち受けている可能性が大いにある。となれば、２０００万円どころの騒ぎではない。４０００万円、あるいはそれ以上の蓄えが必要になるかもしれないのだ。

ただ、こうした頭の痛い問題があるとはいえ、「働きたいから働き続ける」と考えるのと、「働きたくなくても働き続けなければならない」と考えるのとではモチベーションにも大きな違いがあるだろう。

君たちは前者であってくれることを願っている。つまりは後者よりもずっと前向きで余裕ある立ち位置で、これからやってくる未来を歩んでほしいのだ。

それにはやはり先に述べたお金の増やし方の原理原則をしかと自分事として捉え、実際の行動に移すべきなのだ。そして迫り来る不確実な未来の中であっても、「いつでも辞められる」けれども、「仕事が楽しいから続けたい」状態になれたら人生最高ではないか。そしてこれから話す④**「お金を働かせる」** **・お金を働かせる** も、君の栄えある未来をつくるために大切な役割を担ってくれることだろう。

投資信託から始めてみよう

「お金を投資する」とは、別の言葉にすると「君に代わって手持ちのお金に働いてもらう」ということだ。そして4つ挙げたお金を増やす方法、①「稼ぐ（生み出す）力を伸ばす」、②「コスト削減」、③「長く働く」、④「お金を働かせる」のうちで一番、④「お金を働かせる」こそが、「お金に使われず、お金を使う人生を送る」という、われわれが目指すべき理念に近い。そして「お金に使われず、お金を使う」方法をマスターするのに、投資信託ほどうってつけのものはない。ちなみに投資信託は、ファンドとも呼ばれている。

ファンドとは、たくさんの人たちからお金を集め、ひとまとめにして投資のプロに運用してもらおうというものだ。

アナリストと呼ばれる専門家が君に代わって経済や株価、企業財務はもちろんのこと、さまざまな視点から日々変化する世界情勢を分析し、ファンドマネージャー

例：株式投資

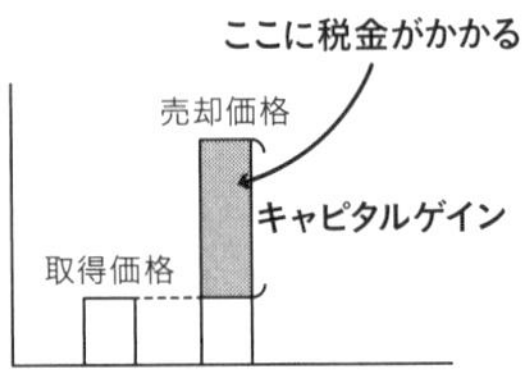

キャピタルゲイン

株式や債券、投資信託など保有している資産を売却した時に得られる利益。インカムゲインとともに課税の対象となる。

例：投資信託（ファンド）

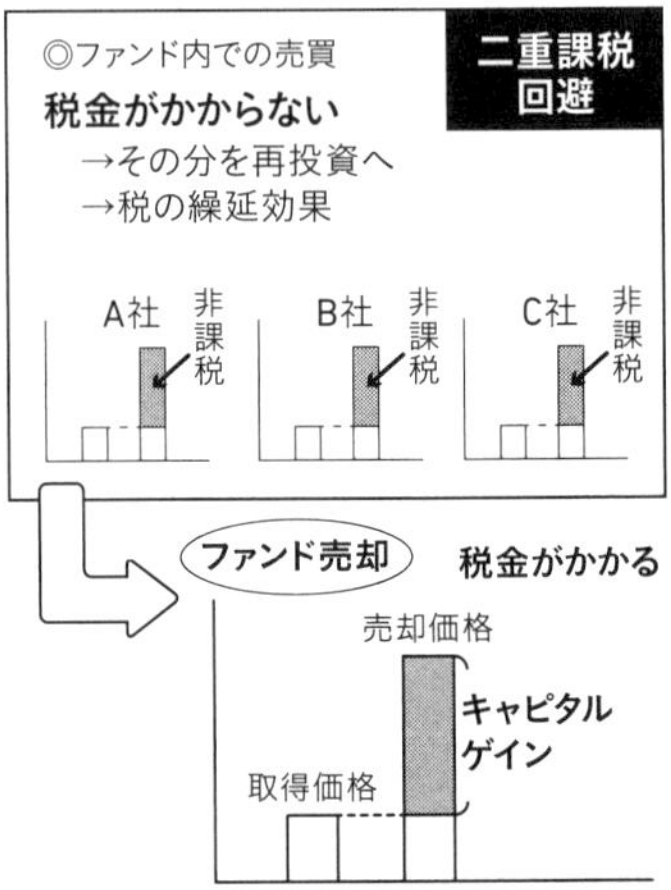

というプロフェッショナルが、どこに、どれだけ投資すべきかの意思決定とメンテナンスを行ってくれる。したがって、投資に関する知識ゼロでも今日から始めることができるのだ。

さらには株式主体のファンドであれば、集まった大きな資金で間接的ではあるものの、個人では不可能な多種多様な企業の株を買うことが可能だ。

もちろん、プロに任せずに自分で個別株式などへの投資に魅力を感じている君には「どうぞ」と伝えたい。だが、なんとなく興味はあるが、どうしたらよいかわからない君には、投資へのファーストステップとして投資信託（ファンド）から始めることを推奨したい。なぜならば、投資信託には仕組み上2つの優位性があるからだ。

一つ目は、前述のとおり、集まった大きな資金で、個人では不可能な多種多様な企業の株を買うことが可能である点だ。さらにはこれに勝る優位点として、「税の繰延効果」と「分別管理」という特徴があることに触れておきたい。

「税の繰延効果」とは、ファンド内での株式の売買においては、いわゆるキャピタルゲイン税（株式を売却して得た利益に対してかかる税金）がかからないことをいう。投資家がファンドを解約する際にはその利益に対して課税される。その際、二重課税とはならない仕組みが取られているのだ。複利で資産を増大させることを狙うのならば、この「税の繰延効果」は投資信託の最大・最強のメリットの一つである。

そして投資信託のもう一つの特徴が、ファンドの安全性にある。

ファンドの財産は、信託銀行という銀行が保管・管理することになっている。よ

◎信託銀行とファンド

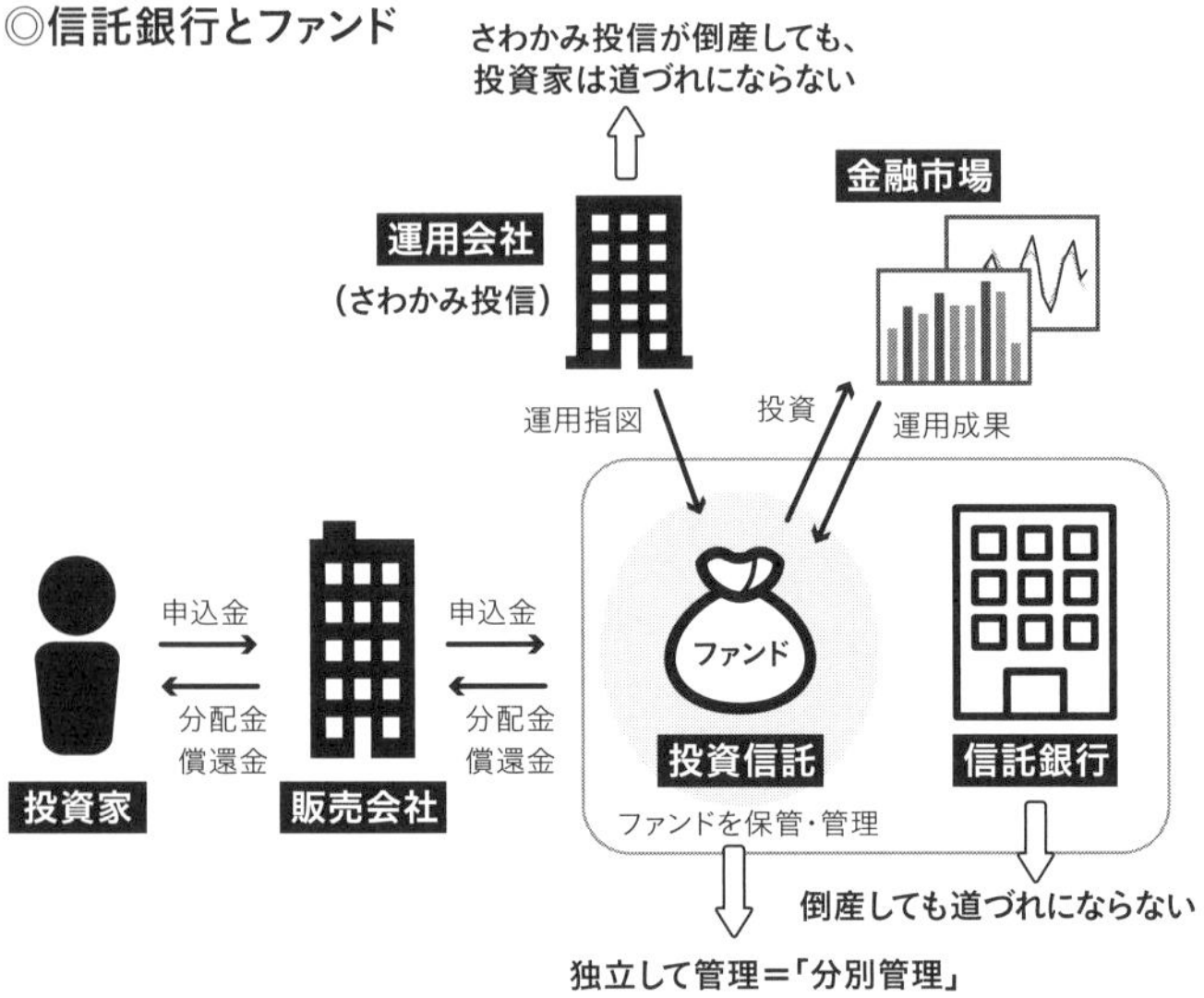

◎銀行

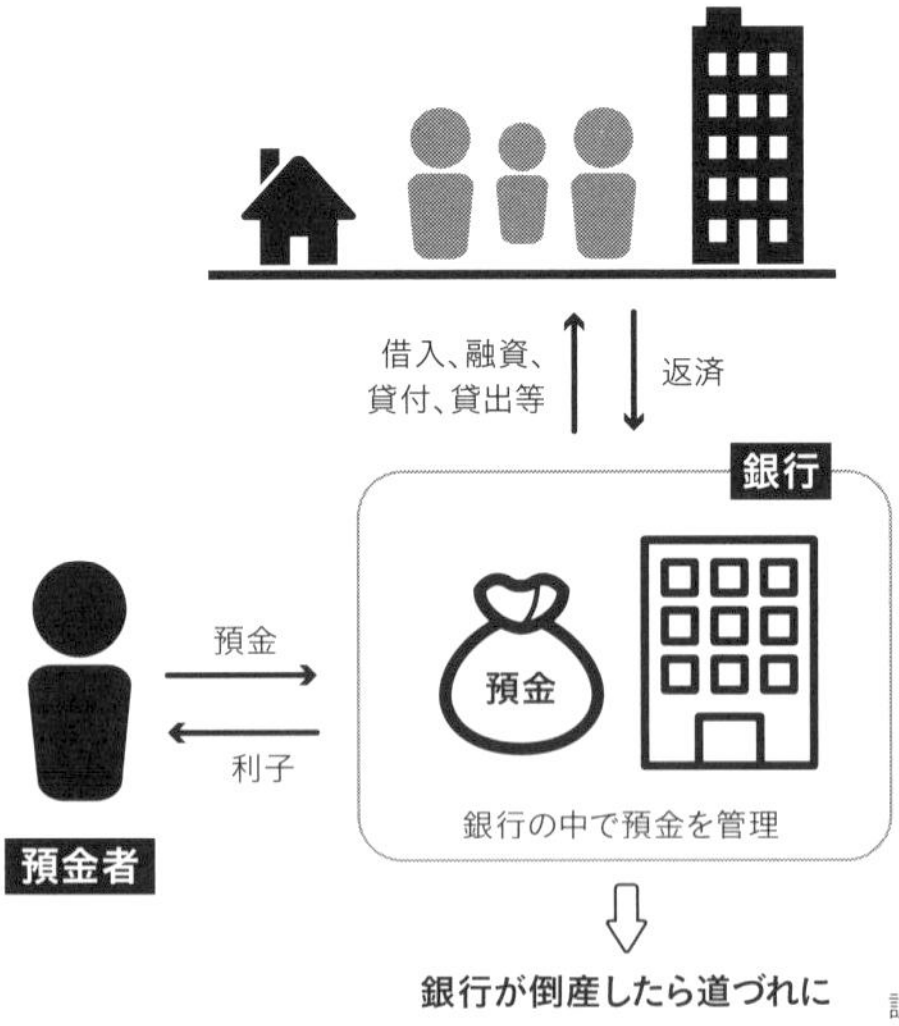

説明図（著者作成）

郵 便 は が き

1 5 1 0 0 5 1

お手数ですが、
切手を
おはりください。

東京都渋谷区千駄ヶ谷 4-9-7

(株) 幻 冬 舎

書籍編集部宛

ご住所 〒
都・道
府・県

フリガナ
お名前

メール

インターネットでも回答を受け付けております
https://www.gentosha.co.jp/e/

裏面のご感想を広告等、書籍の PR に使わせていただく場合がございます。

幻冬舎より、著者に関する新しいお知らせ・小社および関連会社、広告主からのご案内を送付することがあります。不要の場合は右の欄にレ印をご記入ください。

不要 □

本書をお買い上げいただき、誠にありがとうございました。
質問にお答えいただけたら幸いです。

◎ご購入いただいた本のタイトルをご記入ください。

『　　　　　　　　　　　　　　　　　　　　』

★著者へのメッセージ、または本書のご感想をお書きください。

●本書をお求めになった動機は？

①著者が好きだから　②タイトルにひかれて　③テーマにひかれて
④カバーにひかれて　⑤帯のコピーにひかれて　⑥新聞で見て
⑦インターネットで知って　⑧売れてるから／話題だから
⑨役に立ちそうだから

生年月日　西暦　　年　　月　　日（　　歳）男・女				
ご職業	①学生	②教員・研究職	③公務員	④農林漁業
	⑤専門・技術職	⑥自由業	⑦自営業	⑧会社役員
	⑨会社員	⑩専業主夫・主婦	⑪パート・アルバイト	
	⑫無職	⑬その他（　　　　　　）		

ご記入いただきました個人情報については、許可なく他の目的で使用することはありません。ご協力ありがとうございました。

って、投資信託会社やファンドの販売会社が破綻した場合においても、ファンドの財産は保護される。さらに、その信託銀行が破綻した場合ですら、ファンドの財産は信託銀行の自己資産から分別保管されているため、安全に守られる。

投資においては市場環境によって財産自体の価格は変動することが前提だが、投資信託会社や信託銀行の経営とは独立して管理されている点がポイントなのだ。

ちなみに君たちも銀行に口座を持っていると思うが、銀行は君たちの預金をこのように分別管理はしていない。つまり、銀行が潰れたら君たちの預金もなくなってしまう。実際には、仮に金融機関が破綻しても、元本1000万円まで保護されるペイオフという制度があるにはあるが、投資信託と銀行とは、預けたお金が独立して管理されているのか、はたまた道づれになるのかという点において、前提となる仕組みが大きく異なる点は強調しておきたい。

投資信託で二度とない時間を生かす

複雑な説明はさておき、投資信託の最大のメリットとは、プロフェッショナルに「託せる」ということそのものと覚えておいてほしい。株式投資や金融商品のことばかりを考えて貴重な20代の時間を浪費してしまっては元も子もない。

君のような学生や若手ビジネスパーソンには、株価の動向のウォッチよりも、ずっと大切なことがある。つまりは、自分を磨き、他社はもとより世界でも通用するビジネスの力をつけること。つまりは「稼ぐ（生み出す）力を伸ばす」ほうがずっと大切であるはずだ。そのための時間の節約のためにも、ファンドの購入は、投資初心者である若者たちが投資を学ぶ場として最適なのである。何よりも、常時モニターにかじりつき、株価の上昇や急落に一喜一憂して「お金に使われている」状態を避けてくれることを願っている。

その上での私からのアドバイスは、最初は、投資はプロに託し、その時間で「稼ぐ力」を徹底的に養う。つまりは、私の友人K君のように、コツコツ月々1万円程度から始めることだ。ファンドとおつき合いを始め、歩んでいるうちに、結果的に投資の知識のみならず、経済、社会、そして世界の知識を得るための最高の学びになることだろう。

だからまずは、適切なコスト削減などで投資を始めるための原資をつくり、余裕があれば3社ぐらいの投資信託会社からファンドを購入することを勧めたい。それを比較検討することで、見え出す世界がまったく違ってくることだろう。一口にファンド、あるいは投資信託会社といっても、さまざまな商品と運用方針があることがわかってくるはずだ。

熊谷幹樹自伝 6

「オレたちは日本最大のファンドになるんじゃない、なってしまうんだ！」

僕が入社したころの弊社の資産は80億から100億円ぐらいでしたでしょうか。現在の4000億円から比べると小さい金額ですが、その増え方はもうすごくて、会社はどんどん成長していきました。

だから希望も未来への展望もたっぷりあったんですが、とにかく人手がなくて忙しい。顧客レポート発送の日なんて、午前2時、3時までみんなで眠らずにレポートの封入作業をしていましたし、システムもアナログでしたから、打ち込みやら何やらで疲労困憊《こんぱい》なんてもんじゃない。僕は最年少だったし、澤上龍さんも25歳ぐらいでしたから、もう最前線で必死になって働いていました。

その一方で経営は火の車でした。収入である信託報酬が当時の日本にある投資信託会社の中で一番低い水準だったから、資産が大きくなってもなかなか売上が上がらないんです。むしろ事業が成長するにつれ人も必要になりますし、追加的なコストがどんどん膨らんでいく。だから自転車操業ってやつで、どんどん成長していかないと借金ばかりがかさんでいってしまう。今から思うと、そんな経営状態の中でも社員に給料を払うべく、澤上篤人さんはどれほど歯を食いしばってやっていたことか……。

ですがわれわれ社員にそんな苦労は1ミリも見せなかった。見せるどころか、「ええか、オレたちは日本最大のファンドになるんじゃない、なってしまうんだ！」と、それはもう、ずーっと言っていました。あの姿と先見性は本当にカッコよかった。

そのイメージが今でも自分の中にありありと存在しているんです。だから僕にとって澤上篤人さんは、当時はもちろん、今でも本当にはるか彼方の雲の上の存在のまま。おそらくこれは、今後もずっとそうだろうと思います。そんな存在ではありましたが、澤上篤人さんに意を決して申し出たことがありました。
「運用調査部へ異動してさわかみ投信のアナリストになりたい」、そう願い出たんです。

未来をつくる投資は株式投資以外にあらず

投資を知るためにもまずはファンド購入を勧めるが、ファンドにもさまざまある。ちなみに現在、日本では、およそ6000のファンド（公募投信）が販売されている。

投資先も株式に限ってさえ、国内株から海外株、先進国の株に投資するものからリスクをとって新興国株に投資するものなどいろいろだし、株式に限らなければ、国債などの債券から不動産、金に投資するもの、あるいはこれらすべてをごった煮のようにまとめたものまでさまざまだ。

こうした投資先もリスクもさまざまなおよそ6000ものファンドの中から、どんなファンドを選ぶべきか？

未来を生きる君たちには、株式投資を中心とするファンドを強く薦めたい。なぜならば、株の先には企業がある。株式投資は企業が成長することで投資家がリターンを受け取る仕組みだが、同時に数ある投資の中でも唯一、株式投資のみが、金銭的リターンとともに社会の繁栄というリターンを受け取れる投資であるからだ。

たとえば君たちが知るAppleに投資して長期で保有する安定株主になったとしよう。Appleは新型iPhoneの開発に安心して専念することができるだろう。そんな安定した環境のもとで開発されたより便利な新型iPhoneが売れれば未来への期待値がさらに高まり株価は上昇し、君は大きなリターンを受け取ることができる。株式投資の場合はこれに加え、より便利になった新型iPhoneがつくり出した、より豊かな生活という付加価値まで受け取れるのだ。

過去200年における米国株のトータルリターン

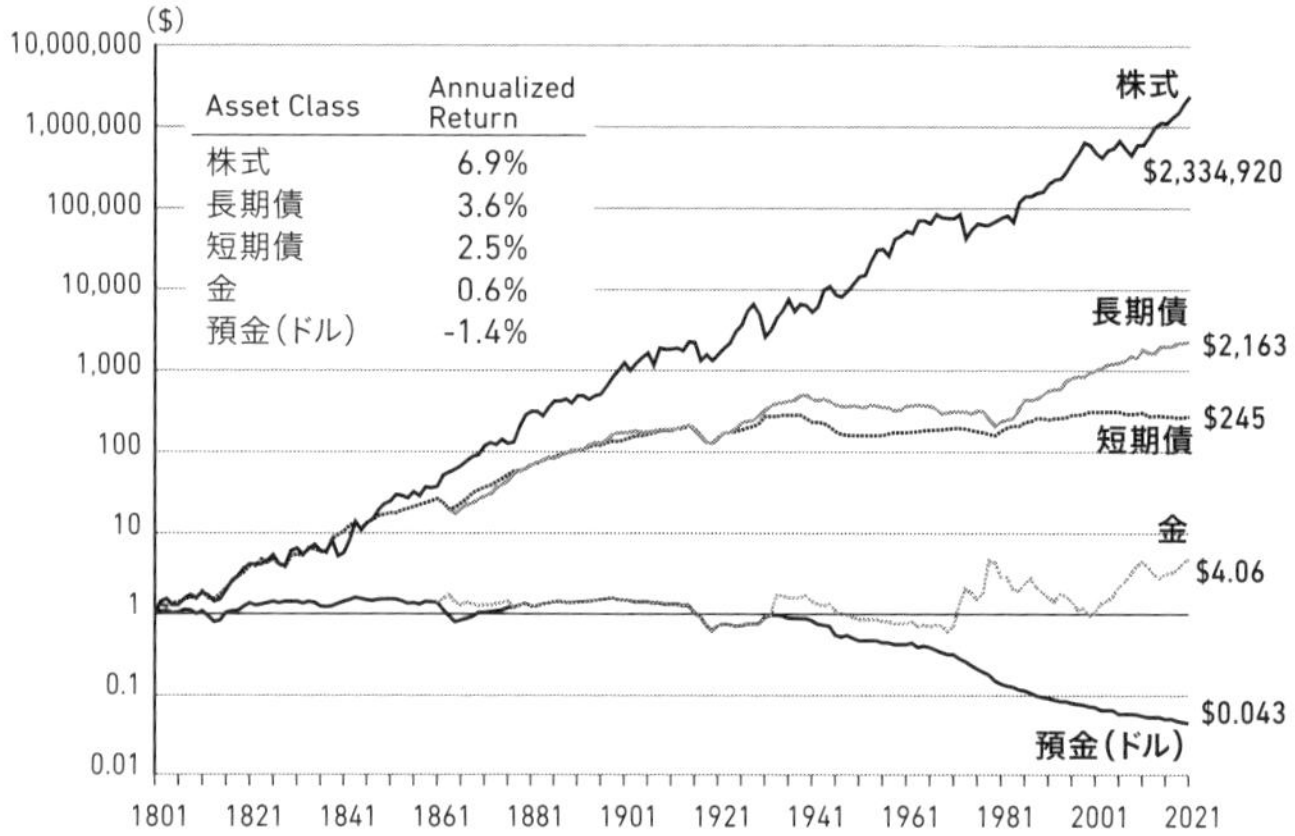

出典：*Stocks for the Long Run* Sixth Edition Jeremy J. Siegel

このように、株式が金銭的リターンとともに付加価値まで受け取れる投資である一方、不動産投資や金投資は、需要と供給のバランスによって価格が変動する。不動産や金へのニーズがあれば値は上がるものの、ニーズがなくなれば下がってしまう。さらには、株式投資が企業を進化させ、生活を豊かにさせたり、文明を発展させたりすることとは異なり、不動産や金にはそれがない。

つまりiPhoneは17、18、19とこれからも進化し続けるだろうし、その途中で新たなイノベーションを生み出す可能性もある。ところが不動産はいつまでたっても不動産、金はいつまで

さまざまな暴落を経ても成長を続ける株式

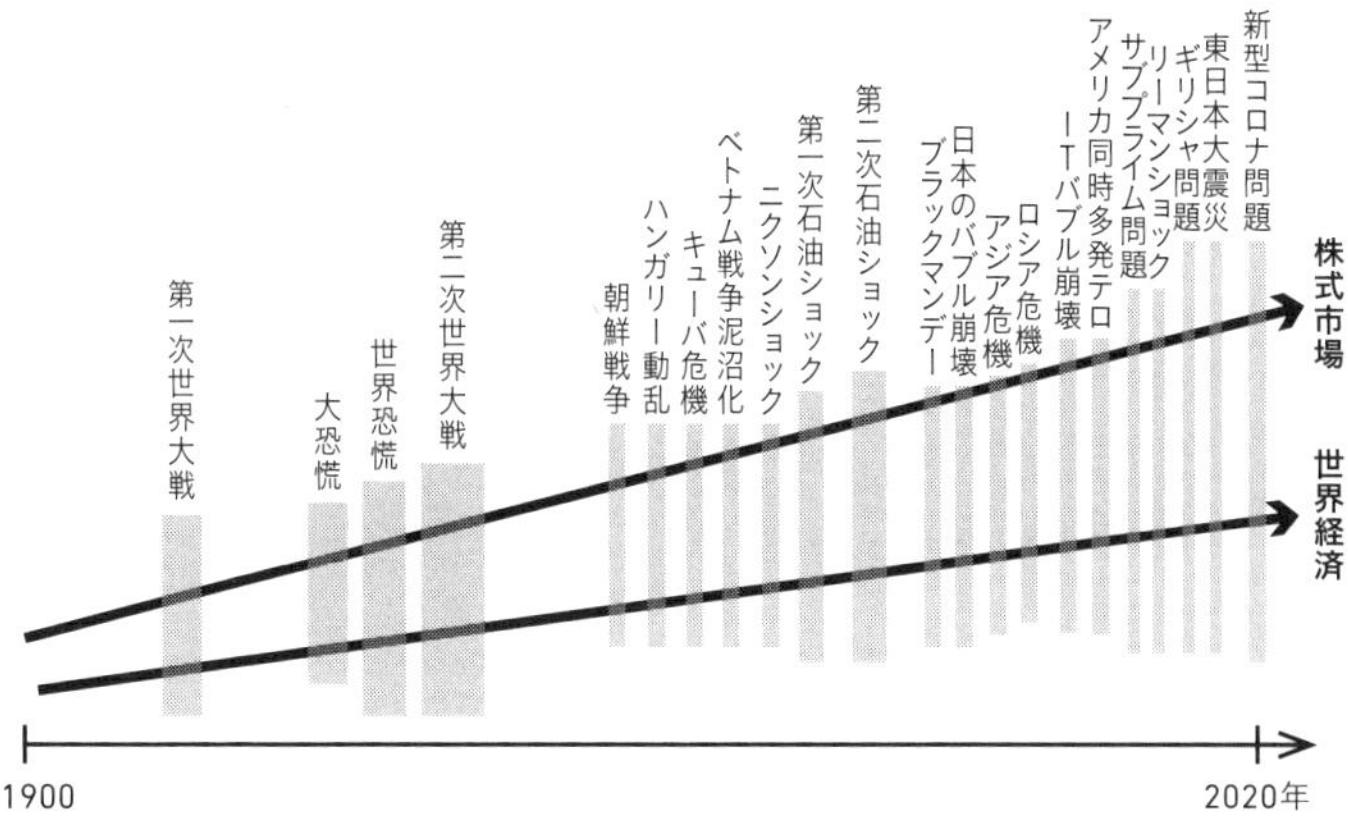

出典:『長期投資メンタル』(澤上篤人著)

たっても金のままで留まる。

　この違いはきわめて大きい。この違いがあればこそ、株式投資は「投資の王さま」と呼ばれているのだ。

　私の母校であるペンシルベニア大学ウォートン・スクール（Wharton School）で投資リターン研究の世界的権威として知られているジェレミー・シーゲル教授は、私自身同氏の講義を聴講させていただいたが、過去200年を超す投資の結果を調査していて、その分析結果がおもしろい。長期の時間軸で見た場合、株式投資は、債券投資や金投資の、どれよりも高いパフォーマンスを出し続けている。これはすなわち、長期の財産づくりには、株式投資が圧倒的に優位だということなのである。

ファンド選びは未来選び。ファンドの名前にだまされるな

株式投資が「投資の王さま」である理由がおわかりいただけたと思う。

ただし株式投資中心のファンドもまた、玉石混淆《ぎょくせきこんこう》であることには注意が必要だ。ファンドといえど、商品であることには変わりはない。タピオカドリンクの店や高級食パンの店などがいつの間にやら見られなくなってしまったのと同じように、流行とともに生まれては消えていく、「流行追随型ファンド」とも呼ぶべきファンドも少なくないのだ。

たとえば、環境が注目される時代となれば「環境ファンド」が誕生し、どこかの新興国が話題となれば「発展途上国ファンド」が誕生する。人びとが時代の先取りや着眼の斬新さに惹かれるのは無理もないが、財産形成はファッションではない。

こうしたファンドは君に豊かな未来を過ごしてもらうためのファンドというよりも、乗り換え目的のファンドであるといっていい。

つまり、「これからは環境の時代です」とAファンドを売り込み、ブームが終わり潮目が変われば、「実は最近、あの新興国の発展具合がものすごくて」とBファンドへの乗り換えを勧められる。営業マンが手数料を稼ぐためのファンドというのが実態なのだ。

実はこうした手法は多くの投資信託会社の常套手段でもある。なぜこうしたことが起こるかといえば、投資信託会社の多くが大手証券会社の子会社あるいはグループ会社であるからだ。

君たちも、「○○アセットマネジメント」など、○○の部分に大手銀行や証券会社の名が入った投資信託会社を見たり聞いたりしたことがあるはずだ。

ここで「大手が親会社ならば安心できるに違いない」と、誤解してはいけない。子会社である以上、投資信託会社は親会社あるいはグループ会社である○○証券の意向をくんでファンドをつくらざるを得ない。となれば、そのファンドは「○○証券が売りたい商品」あるいは「売れると思うテーマ」が中心となり、顧客でもある投資家へのリターンがどれだけ優先されているかは疑問なのだ。

日本には現在、投資信託会社が110社ほどあるが、実はそのほとんどが、こうした大手証券会社のグループ会社・子会社・孫会社。親会社を持たない「独立系」と呼ばれる投資信託会社は、日本にはわずか数社しか存在しない。これはあまり知られていない事実だが、厳しい未来を生きざるを得ない君たちに、こうした「親会社が売りたい商品」のワナにかかっている余裕はない。

では本当に信頼できるファンドは、どう選べばいいのか——?

これはもう、自分で努力して選ぶしかない。投資歴の長い、誰か信頼できる人物から教えを乞うもよし、あるいはセミナーに出るもよし。

ただそうした話を聞く際に指標となるものはある。君の大切なお金、つまりは頑張って働いてつくり出した大切なお金を託すに足る信頼感があるかないかが、最良の指標であるはずだ。

その第一のチェックポイントとすべきが、ファンドの過去の実績やパフォーマンスだろう。それも短期的なものではなく、少なくとも15年以上のどっしりとした実績が好ましい。

たとえば前に例として挙げた「環境ファンド」や「発展途上国ファンド」は、過去には華々しい実績を上げていたとしても、今現在もそれが継続しているだろうか？

実はこうしたファンドはわずか数年でなくなってしまっているものがほとんど。それればかりか、日本のファンドの平均寿命は3～4年であり、多くのファンドが10年の運用すらできていないのが実情なのだ。

投資とは一朝一夕に実ることはなく時間を要する。農作物のように、時の流れとともに育っていく。そもそも時間を要するものなのだ。

ウォートン・スクールのジェレミー・シーゲル教授も、投資が長期によってこそ大きな威力を発揮するとの研究結果を発表している。とはいえ、実際は長期の運用実績があるファンドはそう多くない。現在日本に存在するおよそ6000本のファンドは、10年の運用期間というふるいにかけただけでわずかその2割程度に絞られてしまうのだ。

ファンドは未来に備えるためのものである。だが過去の歩みをしっかり見ることがファンド選びの重要な視点である。流行から生まれたぽっと出のファンド、それとも20年、30年と時代の変化の中で運用を実践してきたファンド、長期の財産形成を託す上で、君はどちらを選択するだろうか。

ちなみにさわかみファンドは運用を開始した1999年8月24日以降、本書を執筆している現在においてすでに25年に亘り世界経済の中で運用を実践し、かつその期間を通し年率約7%の（つみたて購入の）実績をつくってきている。そしてこれからもこの挑戦は50年、100年と続いていく。

さらには、運用している人たら、つまりは投資信託会社そのものの見極めの大切さについても言及したい。投資信託会社が発行するレポートやポートフォリオには未来に対するさまざまなヒントが詰まっている。ところが投資信託会社が発行するレポートや情報も、実際にはさまざまだ。きわめて質素なものから、量だけはゴツいが理解が難しいもの、といったように。

君にはパッケージの裏側に製造国や製造者名、原料すら書かれていない正体不明のスナックを買い、それを食べ続ける勇気があるだろうか？　製造会社が「安全です」と言い張るにせよ、誰によって、どこで、どのように作られ、何が含まれているかさえ消費者に伝えてくれないスナック。君は自分のお金を、このような投資信託会社、ファンドに投資できるだろうか。

だからこそ、大切なお金を託すファンドを運用する会社は、直接会えて、疑問や意見を伝えられる存在であるべきだ。

ファンドも投資である以上、成績が好調の時もあれば、不調の時もある。不調であっても逃げず、ファンドを買っている人びとの前に姿を現し、どんな時でも真摯に向き合う姿勢。

こうした会社こそ、信頼に足る投資信託会社であると思う。

君たちが持っている、バフェットが持ちたくても絶対に持てないもの

実践ほど勉強になるものはないのは投資も同じだ。

ここまで読み進めてくれた君には、ぜひとも投資というものを「怪しい」「難しい」「自分には関係ない」行為ではなく、自分の未来をつくる行為であると捉えてほしい。ただし、繰り返すが、最大の投資とは自分への投資、すなわち自己投資のことをいう。自分を磨き、社会、ひいては世界でも通用するビジネスの力をつけること。つまりは「稼ぐ（生み出す）力を伸ばす」ほうがずっと大切であることを忘

れてはいけない。

その上で、お金に働いてもらう投資にもチャレンジしてほしい。なぜなら君たちは、純資産1208億ドル（2023年ブルームバーグ・ビリオネア指数より）を超える大資産家にして世界三大投資家である、あのウォーレン・バフェットがどんなに欲しくても手に入れることができない、喉から手が出るほどのアドバンテージを持っているからだ。私たちが「時間」と呼んでいるものがそれである。

第1章で私は、投資とはそもそも実るまで時間のかかる行為であり、株式投資においても長期投資が基本中の基本であると説いた。そしてこの長期運用において「若さ」ほど寄与するものはない。なぜならば時間を味方にできるからだ。

世界の経済は生きていて、相場は上がったと思えばいつかは下がるのが宿命だが、下がった相場がまた息を吹き返すものであることも、長い歴史が証明している。108ページでも見たとおり、相場は上がったり下がったりを繰り返しながらこの200年間、右肩上がりに成長し続けているのだ。

架空の話にはなるが、シーゲル教授にならい、1801年に1ドル投資していた場合を考えてみよう。前掲の108ページのグラフにあるように、220年後の2021年には、233万4920ドルになっていた。つまり200万倍以上になっていたことになる。

現実的には、私たち人間は220年も生きることはできないが、この期間の中で長く投資に参加できていた人には、200万倍とはいわずとも、とてつもなく大きなリターンがもたらされたはず。これこそが「時間を味方にする」ということなのだ。つまりは「若さ」とは「時間」であり、あの大投資家でも手にできないとてつもなく大きな財産なのだ。学生や若手ビジネスパーソンが投資を若いうちから始めることは、きわめて理にかなった行動なのである。

ただし、いくら若さという財産があっても、全資金を投資に費やすのはお勧めできない。投資は本来、余裕資金で行うもの。ファンドの場合は特に、月々の積み立てを申し込んだらあとは忘れてしまうぐらいでちょうどいい。君たちが今すべきは本業での①「稼ぐ（生み出す）力を伸ばす」であって、モニターの中の数字に一喜一憂することではないからである。

聞き書き

熊谷幹樹自伝 7
「お前のプレゼンはイライラする！　今すぐやめろ！」

当時のさわかみ投信はどベンチャーでしたから、資料の制作から発送の切手貼りまで、とにかく何でもやりました。でもこうした業界に進んだ以上、当然ながら運用サイドとか投資サイドに行きたいわけです。それで入社して1年半くらいしたころでしょうか、澤上篤人さんに「アナリストになりたい」と直談判したんです。

ちなみにアナリストとは、投資判断を下すために、企業や産業に関して分析し、未来のシナリオを予測するスペシャリストのことです。

僕が異動を直談判した澤上さんには、確固たる信念というか哲学があります。

確かに投資信託会社ではアナリストとかファンドマネージャーは一般的には花形職業といえるのかもしれません。でも本当に大切なのは、顧客と直に接する部門。つまり、「顧客との関係があってこそわれわれが働かせていただける。こうした部門こそがもっとも大切」というのがそれでした。この哲学は今でもまったく変わっていなくて、僕の申し出に対しても、「ここ（業務管理部）でもっと修業を積むべきだ」と言われました。

でもこれに関しては、僕も一歩も引かなかった。最終的には「お前がそこまで言うのならわかった」ということで折れてくれたんですが、翌日の朝会で、澤上さんがこう怒鳴ったのを覚えています。

「幹樹は今度アナリストチームに異動する。だがもしもアナリストチームに幹樹をそそのかしたやつがいたとしたら、このオレが許さんからな――！」

運用会社で一番大切なのは顧客と直で接する部門。その部門にいる僕をそそのかしての異動の申し出であったとしたら、自分が許さないというんです。顔面蒼白になりましたが、顧客と直に接する部門のことを、どれだけ大切にしているかがわかるエピソードだと思います。

こんな背景のもと、自分から希望してアナリストチームに異動したわけですが、それからが本当に大変でした。

今でも弊社では「金曜勉強会」といって、アナリストが自分の専門や研究分野をプレゼンテーションする勉強会があります。聴講者は経営者など、経営や金融のプロの人たちばかりといった会で、当時は僕や龍さんが、「これ」と思った企業を分析して紹介していました。

その金曜勉強会で、僕がとある企業をプレゼンした時のことです。

僕が滔々《とうとう》とプレゼンしていると澤上篤人さんから突然、「お前のプレゼンテーションはイライラするんだ！　今すぐやめろ！」と怒鳴られたんです。立ち見の人がいたぐらいでしたから、40人以上の出席者がいたと思います。そんな大勢の前で、すごい剣幕で怒鳴られてしまった。

自分なりに考え、準備して臨んだつもりだったんですが、あまりにも薄っぺらい内容だったのでしょう。一言で言ってしまえば、レベルが低かったのだと思います。それで澤上さんが激怒して、「今すぐやめろ!」と……。

ただ、まだぺーぺーといっていい23だか24歳ぐらいでしたから、これはホントにつらかった。聴衆はシーンとする中、それでもどうにかこうにかプレゼンを終えて……。

すごく落ち込んでいたら、龍さんが「幹樹、ランチに行く?」と。

一見、つっけんどんなんですが、すごくやさしい人なんです、弊社の社長は。

その2週間後ぐらいでしたか、自分なりに一所懸命考えて、金曜勉強会で再発表しました。その後、プレゼンを聞いた澤上篤人さんからは「レベルは低いが、工夫があったことだけは認める」と言われました。

ただ、金曜勉強会はそれで終わりではなくて、ほぼ毎週やらなければなりません。自分なりの工夫や見解がなければ、また怒鳴られることになりかねない。もう必死で、眠れない毎日が続きました。

NISAで収入の5%のお金を働かせる

君もiDeCoや本年から始まった新NISAを知っていると思う。詳細な仕組みについては書店に行けばありあまるほどの資料が売られているから、各自勉強していただきたい。

「ウゥウッ、仕組みが複雑。理解できない……」と思っても、ここは安心していただきたい。仕組みが難解だと思うのは、金融業界に長く身を置く私も同様であるからだ。

実際、一般NISAから始まって、つみたてNISAがスタートし、今度は新N

新NISA

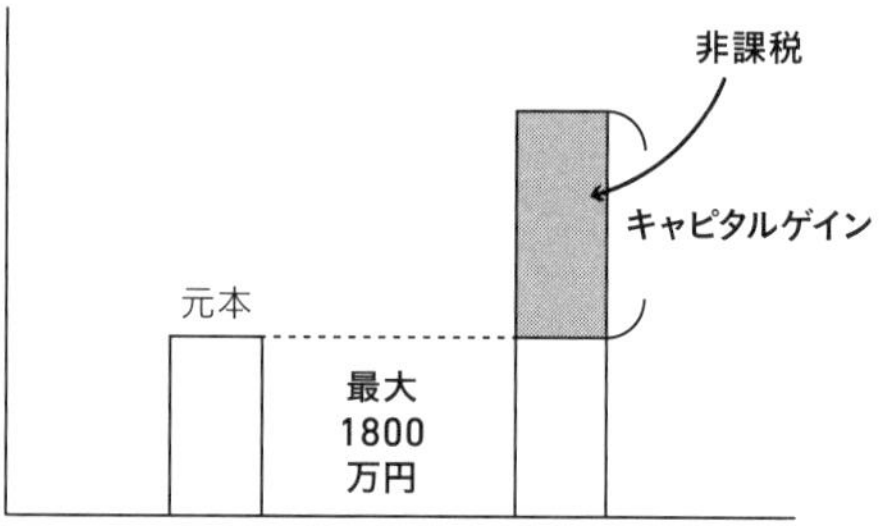

新NISAの投資枠1800万円まで無期限で利益に対して非課税

ISAともなれば、もはや呪文のようにすら聞こえる。だがこの2つ、iDeCoもNISAもいち投資家からすれば大きなメリットがあるのは事実だ。特に新NISAの投資枠で1800万円まで〝無期限〟で利益に対して非課税というのは画期的というよりほかかない。

ちなみに株式投資や投資信託を売却して利益が出ると、儲け分の20・315%を税金として納めなければならない。つまり100万円の利益が出たとしたら、通常20万3150円の税金を取られて79万6850円となるものが、非課税になるということは、この利益100万円がまるまる手元に残るということだ。であれば、これはぜひともフル活用すべきだろう。

注意しておくべきは、新ＮＩＳＡやiDeCoとはあくまで仕組みであって商品ではないということだ。仕組みを使ってどこに投資するかを選択するのが、本質的にはより重要である。新ＮＩＳＡやiDeCo口座を開設しても、その先に投資行動がなければ意味がないし、投資したとしてもその先の商品もさまざまだ。人生の長い時間をともにしていく制度だからこそ、君が信頼できる適切な投資先を選択してもらいたい。

また、前にも触れたとおり、これらの制度を使う・使わないに限らず、持っているものすべてを投資に費やしては絶対にいけない。私が勧めるのは、月々の収入の5％から多くて10％までを定期的に投資する方法だ。手取りが20万円ならば1万から2万円。30万円なら1万5０００円から3万円を、若さの特権、時間を生かして毎月毎月、コツコツコツコツと積み立てる。

俗に「チリも積もれば山となる」「継続は力なり」というが、この「チリツモ」と「継続力」を馬鹿にすることなかれ。20年もたったころには、その威力にひれ伏しているであろうことを約束する。その実例が、72ページで紹介した私の友人K君だ。

ただし同時に、投資は雪だるま作りと同じであることも再喚起しておきたい。小さな雪玉を転がして大きくするには、長い時間転がすことが必要となる。1万円という雪玉は10倍になっても10万円。それが100万円ならば、1000万円になる。

とはいえ、行動を起こさなければ何も起きない。だからまずは行動を起こすことを勧めたい。手持ちのお金からいくばくかでいい。投資に向けてみよう。

行動は気づきをもたらし、その気づきがまた新たな行動を引き起こす。右を選んで失敗したとしても、失敗と気づくことで、今度は左に行けばいいと気づくことができるだろう。投資に関しては、これは特に顕著で、行動することなしに真の金融リテラシーを身につけることはできないのだ。

これについては第3章でまた詳しく触れることにするが、投資はもちろん、人生においても、実は失敗を恐れ、行動を起こさずに失敗をしないことそのものが一番の失敗なのだ。

だからまずは行動せよ！

理想の投資先の見つけ方

前にも触れたとおり、「投資の王さま」である株式投資は、長期の時間軸の中で上がったり下がったりを繰り返しながら成長を続けてきた。その王さまの宮廷である株式市場で取り扱われている企業（銘柄）にも栄枯盛衰があり、市場にすい星のごとく登場する企業もあれば、老兵のように消えていく企業もある。

そんな中で、失敗しない投資先を見つけるにはどうすればいいのか――？

答えは投資信託会社やアナリストによってさまざまだし、そもそもその見つけ方が普遍的に存在していたら苦労はない。私の場合は、世の中から消えない商品やサービスを扱っている企業を選ぶのも、一つの見つけ方だと思っている。

いかに時代が移り変わろうと、絶対に変化しないものがある。それこそが人間の欲望であるというのが私の見解で、そこから投資すべき産業と企業を見つけるのだ。

人間が存在する限り、食べること（食欲）がなくなることはないだろうし、巨大いん石が飛来して原始時代のような状況に戻らない限り、電気を始めとしたエネルギーが不要とされることもないだろう。電気を使って便利かつ快適に暮らしたいという願いもまた、人間の欲望の一種である。

つまりは世の中が何を必要としているのか、新しい時代は何を必要としているのかからひもづけて投資先を選ぶのがいいと思う。さらには自分が好きなもの、興味のあることも重要な情報源である。個々人のニーズが集まってその総和が社会のニーズになっているわけだから、決して自分の嗅覚を過小評価してはいけない。

たとえば、「かならず何か食べる」からはまずは食料や農業関連産業が挙げられるだろう。農業を支援する技術、種子の開発、肥料関連、こうしたものを輸送する産業なども欠かせない。今後、世界の総人口は104億人に達すると見られているのを考えれば、これらの需要が高まることは確実だ。

「電気の需要」からは、風力を始めとした新エネルギー産業も考えられよう。また、石油産業についても、確かに現在、脱炭素が叫ばれてはいるものの、それでも石油は使われているし、EVにしても、そのための発電には火力発電所が使われている現実もある。

そうそうエネルギーといえば、日本はこの分野で大きなポテンシャルを秘めていることをご存じだろうか？

温泉大国・日本は、火山大国でもある。火山の地熱を発電に利用、世界に供給する形で事業化できれば、サウジアラビアやUAEのようなエネルギー輸出国になることも夢ではない。世界の石油資源の枯渇が懸念される中、未来の日本はオイルマネーならぬ地熱マネーで潤う資源国家になれる可能性もある。

今後発達が予想される産業から見てみると、日本は宇宙産業の面でも有望だ。放送や通信のための衛星打ち上げや観光需要など、新たなマーケットとして宇宙がこれから大きな注目を集めるのは間違いない。宇宙開発の分野においてはアメリカや中国の成功が話題となるばかりだが、ロケットの発射場所という視点から見てみると、日本は大きなアドバンテージを有している。

ロケットを発射して地球の引力から脱出する際には、地球の遠心力を利用する。ロケットは打ち上げ時、推進エネルギーを節約するために地球の東向きに自転する力を利用することで地球の大気圏から飛び出していくのだ。だからロケットの打ち上げは、東に向けて打ち上げるのが世界共通のセオリーになっている。種子島にJAXA（宇宙航空研究開発機構）の打ち上げ基地があるのは、こうした理由からである。つまり、東側に太平洋という広大な海原を持つ日本には、宇宙産業における一大ロケット基地として、ものすごいアドバンテージがあるのだ。

ただし地熱発電や宇宙開発、どちらの場合も事業化が前提であることは言を俟たない。アドバンテージがあるだけではダメで、産業として成立させることが欠かせない。

そのためにもこうしたビジネスへの支援が不可欠。スケールの大きさから自分とは関係のない遠い世界の話と思ってしまうかもしれないが、実は学生や若手ビジネスパーソンの君にもできる支援がある。一つは、こういった分野で頑張っている企業に投資家として参画することだ。つまりはこうしたビジネスへの投資がそれである。さらには、これこそ夢のある話だが、このような新しい時代のビジネスチャンスに君たちの人生そのものを投資する、つまり君たち自身が当事者としてビジネスをリードするという選択肢だってある。きっとそこには大きな冒険が待っているはずだ。

投資というと、ついついスクリーンに映し出される数値的な株価を連想しがちだ。株価の上昇とそれによる利益こそが投資の大切な側面であることは否定しない。だが、それと同時に「これ！」と思った産業や企業の成長に寄与でき、寄与することで日本そのものの将来をより良いものにできるのも、また投資の醍醐味。

そのためにも未来の日本に生きる君たちには、ぜひとも日本を元気づけるべく、投資行動を起こしてくれることを願っている。

聞き書き 熊谷幹樹自伝 8

「お金はないがロマンはあった」

澤上篤人さんは人前で怒鳴るのもいとわないほどスパルタでしたけど、今考えるとそれが自分を育ててくれたことは間違いないと思います。

ただ、入社した直後は会社の経営は火の車でしたし、給与も生活ができるギリギリの水準。僕も替えのスーツを買えず、いつも一張羅でいるような状態でした。

大学が理系で、当時は日本の電機企業は強かったから、東証一部上場の企業に就職した大学時代の友達とかが大勢いました。彼らは入社直後にしっかりボーナスが出るなどして、すごく羨ましかった記憶があります。

ただ若かったからいくらワーキングアワーが長くても苦にならなかったし、着ているスーツは一張羅でも、顧客が1万人から2万、3万人とものすごいスピードで増えていくのを当事者として見ている手応えは、もう、ロマンそのものでした。

そんな時、2005年、朝日新聞の『be』という媒体がさわかみ投信を紹介してくれたんです。この効果はものすごくて、3万人だった顧客数が、一気に5万人に膨れ上がりました。本当にいいものであれば社会は動く、変わるんだと実感しました。明治維新じゃないですが、まさに維新の渦中にいるような感覚で、いったい僕たちはどこまで行ってしまうんだろうと思っていました。

会社がそんな勃興期でしたから、維新の志士じゃないですけど、社内には個性的な人材が揃っていました。

ファンドマネージャーだった0さんは空手をやっていたゴリゴリの体育会系で、酒癖が悪いんです。飲み会の時にその0さんに「酒のつぎ方が悪い。なんだその酒癖は！」と酒癖が悪い人に酒癖が悪いと怒鳴られました（笑）。

「お前、オレの酒が飲めないのか!?」と言われて一気飲みしたら、さらに怒られました！　場は沸騰し、ワイングラスをバシン！　それが僕に刺さって流血し血だらけなんてこともありました。そうそう、どこかの駅で龍さんにビンタされたこともあったなぁ、理由は何だったのかは忘れましたが。

青春といえば青春ですよね（笑）。

この本の若い読者に「ベンチャー入社の勧め」をする気はありません。なぜかっていうと、僕はベンチャーしか知らないから。

でも人生がもう一度あって、澤上篤人さんや龍さん、さらには個性的な先輩や同僚たちとの出会いがあるのだとしたら、どんなハードワークであったとしても、やっぱり同じ道を選ぶと思います。

2070年、君たちが65歳になった日本の展望

遠い未来、君たちがみずから望んで働いているか、それとも働きたくないのに働き続けているかはわからないが、20歳の君が、仕事を引退するであろう65歳前後になるころの日本は、いったいどうなっているだろう（この65歳はあくまで現在の引退年齢基準ではあるが）？

正直、正確にこれに答えるのは神ならぬ身には至難の業だ。

ただ、統計上、現在、20歳の君が65歳前後になった2070年ごろの日本の人口は、8700万人程度になっているだろうことは確実視されている（厚生労働省国立社会保障・人口問題研究所「日本の将来推計人口」より）。

2020年の1億2615万人から約3割も減った社会では、地方の人口は大きく減り、都市への人口の集中、インフラの集中が進むと予想される。

こうした状況では、働き方も変化せざるを得ないだろう。ダブルワークや副業が

今よりずっと一般化するというレベルの話ではなく、そもそも働くという概念や意味そのものが今と同じかどうかもわからない。自分の代わりにアバター、あるいはコピー的存在が働いてくれているかもしれない。さらには、文化的、政治的な意味での国という概念は存続しているにせよ、経済においては、国境という概念はより曖昧になっていくだろう。

さらに飛躍し、宇宙ビジネスが発展し人類が宇宙へ移住を開始し、さらに地球外の知的生命体の存在が明らかになりSFのような世界が現実化すれば、国単位で物事を考えるのではなく、惑星単位で考えるよう価値基準が深化するはずだ。昭和の時代に見られた一社もしくは一国に忠義を尽くして働くという概念は完全に消え去り、一人が2つ以上の企業に所属するようなことも普通になっているかもしれない。

そんな世界において強い国を挙げるとしたら、アメリカはやはり引き続き世界のリーダーとして君臨しているだろうと思う。インドや、インドネシア、そしてアフリカ諸国も世界に対して大きな影響力を持つことになるだろう。一方、中国は、大きな影響力を保ちつつも、これから進む急激な少子高齢化によって、大きな社会構造の変化を経験することになると見ている。

ちなみに現在、インドネシアの人口は2億7000万人ほどだが、平均年齢は20代後半と羨ましくなるほど若い。これはインドもアフリカも、同じような傾向だ。人口とは経済力そのもの、若さとは国の未来そのものであることから、今挙げた国々が、2070年ごろの世界経済を動かす原動力になっているだろうと思う。

そうした中で日本が生き残り、現在のような大国の一つでありたいと願うなら、スイスやルクセンブルクのような、人口が少なくても豊かで質の高い国家になっていくしかない。

つまりは未来のインドやインドネシア、アフリカのような大量生産・大量消費の量的国家に対し、こうした国家には提供できない質の高い何かを提供する国家になることで生き残りを図るのだ。ちなみにスイスやルクセンブルクといった国々は、金融サービスの面で20世紀のうちに世界における圧倒的な地位を確立している。

この時代と環境の変化の中で、進化が必要なのは企業も例外ではないだろう。

ネスレという企業がある。あの『ネスカフェ』で有名な、食品のグローバル企業だ。

このネスレ、本社はスイスにあるものの、売上の9割以上をスイス以外の国、つまりは世界各国で上げているのだ。このネスレのように、日本に拠点を持ちながらも世界でビジネスを展開する日本企業の事例は、現在でも決してめずらしくない。ただこれまでは、日本にも1億2000万を超える人口が存在し、日本国内でも多くの消費が起こり、企業にとってもさまざまなビジネスチャンスが存在していた。こんな状況も、人口が激減していく未来においては変化を免れない。

これからの日本では、このネスレのように、成長する世界市場に目を転じて活路を見出すことが、生き残り戦略としてますます重要になることはまず間違いない。日本はこれまで以上に世界を見なければならない。日本はこれまで以上に世界に挑戦しなければならないのだ。

先ほど私は、未来経済において国境という概念がより曖昧になってくると書いた。経済が国家を超えてグローバルに動き、かつ個人が瞬時に世界と繋がる世界では、今以上にコミュニケーションスキル、ビジネススキル、そしてアイデアを生み出す想像力（クリエイティビティ）、つまりは①「稼ぐ（生み出す）力」が求められるようになるはずだ。その力のある・なしが社会での階層を決める、ものすごい格差社会になることだろう。

とはいえこうした力は一朝一夕に身につくものではないし、万人が持てるというものでもない。そんな社会で大きな援護射撃をしてくれるのが、これまで幾度も本書で触れてきた、「お金に働いてもらう」という概念、すなわち「投資」なのだ。

グローバル経済に投資してリターンを得る人と、そうでない人。行動を起こせる人と起こせない人の結果として、その人が所属する階層が決まることになるのだ。

第3章

「お金を増やす4つの鉄則」を伸ばす10の方法

お金を儲けたいなら本を読め

来《きた》る格差社会を生き抜くためにも、あるいは経済的な不安に追われる人生ではなく、意思を持った人生を謳歌するためにも、①の「稼ぐ（生み出す）力を伸ばす」は欠かせない。第2章でお金を増やす方法はわずか4つしかないと書いたが、その4つでもっとも大切なものが「稼ぐ（生み出す）力を伸ばす」だ。たとえ何歳であっても、どんな分野であっても、世の中が必要としている価値を生み出せる力がある限り収入はかならずついてくるし、この力を伸ばすことは、人生を一変させる可能性さえ秘めている。

とはいえ、そのために何をすべきかに対しての万人共通の解答はない。

ある人にとっては資格の取得がそれかもしれないし、ある人にとっては専門分野のより深い知識探求かもしれない。職種によってはより巧みなコミュニケーション能力だったり、より美しくなることだったり、あるいは筋肉をつけてマッチョになることだったりする場合だってありうるだろう。

ただ、君のような学生や若手ビジネスパーソンである時分ほど、この力を伸ばすのにベストな時期はない。そして、すべての読者に共通する答えはないものの、何をすべきかと問われれば、まずは読書であると答えたい。読書ほど身近に存在し、投資対効果の高いものは他にない。

君が進みたい職種、あるいは就いている仕事が何なのかはわからないが、本とはその世界や業界で成功を収めた人々、あるいは君より先に大失敗を経験した人々の思考を凝縮したものだ。それをわずか数百円から1000円ちょっとで手にできるのだ。これは実はすごいことなのだ。

そして本を手にしたら、先達の思想や経験を知り、どういう時にどういう決定をし、失敗もしくは成功したのかを自分と重ね合わせつつ読み進めてほしい。これを「本を自分のものにする」という。

読書は仕事関連のものとともに、時には小説や、歴史書など、古典と呼ばれるものにも手を伸ばそう。長く読まれ続けている本とはすなわち、時代の雑音を乗り越えて人々に支持されてきた作品であるから、時間を割く価値はかならずある。仕事や①「稼ぐ（生み出す）力を伸ばす」のに今すぐ直結するものではないかもしれないが、危機的状況にある時や大きな決定をしなければならない時のバックボーンとなり、さらには背中を押してくれるものになるはずだ。こうしたバックボーンは、よくあるハウツー本で身につけるのは難しい。

私にも好きな本はたくさんあるが、その中でもよく読んだ古典といえば、司馬遼太郎氏の各著書だろうか。私も『坂の上の雲』や『竜馬がゆく』はむさぼるようにして読んだものだが、特に『峠』はビジネスパーソンの一人として、どんなビジネス本より大いに参考になった。

『峠』は幕末の最後のサムライこと越後長岡藩の家老・河井継之助《つぎのすけ》を主人公にした小説だ。

河井の偉業は、長岡藩の財政改革を始め、その天才的な辣腕ぶりは枚挙にいとまがない。

戊辰戦争の最中、河井は横浜にあった藩邸を売り払い、日本にわずか3門しか存在していなかったガトリング砲という大砲を2門購入した。ガトリング砲の輸送途中では、当時としては貨幣そのものであった米の価格差を利用してのビジネスで資金を稼ぎながら、わが故郷新潟まで大砲を輸送するという凄まじき商売人ぶりを見せる。

当時、長岡藩はわずか7万4000石という越後の小さな藩であり、西から攻めてくる新政府軍に比べたら吹けば飛ぶような存在だった。

だが、長岡藩はこの河井のリーダーシップと戦略のもと、ガトリング砲を武器にこの新政府軍と数ヶ月に亘り互角以上の戦いを繰り広げた。この河井の先見性と行動力、そして瞬発力、勝負への直感力や心意気ほど、ビジネスパーソンとしての私の指針となったものはなかった。

「天下になくてはならぬ人か、有ってはならぬ人となれ」

これは河井の口癖とされる一節だ。その真意は、「社会に必要とされる存在にな
れないのなら、むしろ害をなすくらいの覚悟で物事に取り組むべきだ。変えられな
い運命であっても、変えられるものは、限りなく変える努力をし続けなければなら
ない」。おそらく、そういった思いが込められた言葉であろう。

実はわれわれ投資家は、国内外の歴史作品をよく読む。その後歴史を動かした意
思決定がどんな時代背景や困難の中で行われたか、主人公たちは、その時にどんな
未来を見たのか、どんな未来を信じたのかなど、ビジネスひいては人生で大きな決
断をする際の、貴重な参考となるからだ。

海外を活躍の舞台とするビジネスパーソンならば、滞在国や、顧客の国の歴史作
品を読めば顧客とつき合う上でのさまざまな示唆を与えてくれるに違いない。相手
の国の歴史や文化の成り立ちを理解することで、関係性が深まり信頼が醸成される
ことはいうまでもない。ちなみに、日本人の特性である「おかげさまで」という発

想や集団主義は、農耕民族であるという歴史的背景から生まれたと思われる。歴史を学ぶことは相手国の文化を知り、さらには自分自身を理解することに繋がる。「彼を知り、己を知れば百戦殆《あやう》からず」は、人生でも、ビジネスの世界でも、鉄板の法則なのである。

本から吸収するさまざまな知識を自分の血肉にしていけるか否かは君次第だ。そしてもっとも大切なことは、その次の未来に向けた行動なのである。

若者たちよ！
天下になくてはならぬ人か、有ってはならぬ人となれ。

英語、そして自分の身体へ投資せよ

若い時期、読書とともに行いたいのが、英語と健康への投資だ。いきなり「英語？」と思うかもしれないし、若い君たちからすると「えっ　健康？」と思うかもしれないが、この2つの要素を制することができるかどうかで未来の絵図は大きく変わっていくだろう。

英語に関しては、AIや翻訳機などの発達で外国語の習得は不要になるという説もあるのは承知している。単純に翻訳を求めるのなら、この説は正しいだろう。実際、AIの技術は日進月歩で進化している。あたかも本物の人間のようにコミュニケーションをしている場面を最近では君たちもよく目にするだろうし、これからもさらにその技術レベルは向上し、翻訳を始めとする言語変換の技術も発展していくことは否定しない。

だが、人間のコミュニケーションの本質に関しては例外だろうと思う。

いくらＡＩが発達しようとも、恋人や大切なビジネスパートナーとのコミュニケーションとは人対人のそれであり、その根底には「感情の交換」が存在する。

たとえば取引相手が同行者と英語でかわす何気ないやり取りやジョークを瞬時に理解し、共感できるかできないか。そしてそこに瞬時に応答できるかできないかが、どれほど大きくその先の結果を左右することか。78ページで香港に日本酒の世界展開の拠点としてレストランをオープンさせたと書いたが、そこで必要となるビジネスコミュニケーションには今でも自分一人で乗り込み英語でダイレクトに話す。そのほうが、通訳を介するよりもずっと手っ取り早いからだ。

世界の共通言語はすでに英語だが、これからも英語の重要性は変わらないだろう。世界で飛び交う英語の情報をみずから瞬時に取りに行けること、そして英語を使って感情やユーモアを交えて世界とコミュニケーションできること。これらの能力の有無は君たちの未来の選択肢の幅を大きく左右することになるだろう。

30年後の世界を想像してみよう。アメリカ大陸で一番人口が多い国は英語を話すアメリカで、アジアではインドになる。インドではヒンディー語の使用が奨励されつつも、共通言語としては英語が採用されている。オセアニアではオーストラリアがもっとも人口が多く、公用語はもちろん英語。そしてアフリカでもっとも人口が多いのがナイジェリアで、公用語は英語である。ヨーロッパにおいても、今後イギリスがどうなろうとも、英語の優位性は揺るがない。

このように、世界が英語化していくことは、人口動態から見ても間違いない。AIを通した翻訳機の発展する可能性は否定しないが、世界における英語圏の拡大に対しては、英語を話せたほうが絶対に有利なのだ。

英語上達法に関しては、私はNHKラジオの英語学習の番組を毎日聴くことから始めた。ラジオを毎日聴き、ダイアローグに登場した単語を書き出す。語学学習は投資と通じるところが多い。毎日コツコツ続けるとそれが雪だるまのように大きくなって、気づいた時には驚くほどの英語力がついている。英語の力がついていくと、それまでは聞き流していたテレビでのアメリカ大統領のスピーチや映画の会話が無意識のうちに言葉として聞こえてくる。こうなったらしめたものだ。現在はオンラインでも英語を学ぶためのさまざまなツールが存在している。スマホがあれば、どこにいようが英語を学べる。これは現代を生きる君たちの大きなアドバンテージだ。TOEFL®などの試験や資格に挑戦してみてもいい。海外留学を目標にしてもいい。要は、意思を待って行動に移せるかどうかでしかない。

45ページでも触れたとおり、私自身は大学時代にオーストラリアへの留学を選んだ。もちろん英語力の向上も目的の一つではあったが、新潟の山奥で育った者としては、世界の多様な文化をこの目で見て肌で感じたいという強い思いがあった。結果的に、多民族国家であるオーストラリアでの人々との出会いは、英語に加えて中国語を勉強するきっかけにもなった。そして今では英語と中国語を使って世界の多くの人とコミュニケーションができているという結果にも繋がった。先に触れた香港での仕事においても言葉のことで苦労することはない。そして商談のたびに、語学をマスターして正解だったと強く感じている。

海外で暮らすことは視野を広げることそのものであり、社会と未来を広げる経験だったと実感している。

健康への投資も大切だ。健康あってこその仕事だし、健全な判断が下せる。さらにはお金を増やす4つの条件の一つ、③「長く働く」にも欠かせない要素である。

私も100歳まで健康でありたいし、大好きな今の仕事を長く続けたいと健康には人一倍気を使っている。毎日の筋トレと休日の10キロ、月にして80~100キロのランニングは欠かさない。海外に日本酒事業を立ち上げただけあってお酒は好きだが、どんな酒の席も22時には切り上げて、睡眠をたっぷりとり、翌日には影響を与えないよう心がけている。

お金を増やす4つの鉄則でどれだけお金を儲けても、健康でなければその恩恵を享受することはできない。そして、健康を一度失ってしまうと、それを取り戻すことがどれだけ大変か。健康であることは、お金に代えられない価値があるのだ。

若者たちよ！
英語や健康への投資とは意思さえあれば、今この瞬間から始められる。
要は、やるかどうかだ。

「日記」が、「稼ぐ（生み出す）力」の源となる

人間としての成長のドライバーの根源には「自分を信じる力」があるのではないだろうか。自分を肯定する力、つまりは自己肯定感というものは、成功体験なくして培われることもないと思っている。

この成功体験とは、大げさなものである必要はない。「小学校の運動会で1等を取った」でもいいし、「何気なくノートに描いた絵を褒められた」でもいい。「クラスで私が一番可愛かった」なんていうのもありだろう。

私自身、自分の人生を振り返った時、子どものころや、学生時代の小さな成功体験の積み重ねが、その後に選んだ人生やビジネスに大きな影響を与えているのが理解できる。

だからまずは、小さな時に何が得意で、何を褒められたかを振り返ってみてほし

い。そこに君の得意・不得意、あるいは好き嫌いがあるはずだ。そして人は、得意であったり好きであったりすることを抜きにして成功することはできない。

どうしても得意・不得意がわからないという君であっても、自己肯定感を培う方法はある。「明日、6時に起きる」と誓って眠って、「きちんと6時に起きることができた」。これも素晴らしい成功体験だ。要は、「小さなことに挑んだ経験」をたくさん重ね、「できた！」を積み重ねれば、自己肯定感は誰でも、いくつになっても得ることができる。

大切なのは、その小さな「できた！」をきちんと認識することだ。得意なことはちゃんとあるのに、それを認識できずにいて結果的に①「稼ぐ（生み出す）力を伸ばす」ことができないでいる者がどれほど多いことか。これでは人生を無駄にするだけだ。

そのためにも私は、「日記」をつけることを勧めている。「目標日記」「できたこと日記」、表現は何でもよい。目標を立ててそれができたか、できなかったかを振り返る。それだけだ。目標の大小は関係ない、続けることに意味がある。

学生だったらまずは、「ちゃんと6時に起きられた」「きちんとレポートを仕上げることができた」等々の小さなことから始めよう。ビジネスパーソンだったら「ちょっとした冗談だったがお得意さまが喜んでくれた」ぐらいのことで十分だし、「売上目標がクリアできた」「新たな企画アイデアが浮かんだ」などを日記に書けたら、最高だ。

こうした「目標」や「できたこと」を記した日記を、毎日毎日、コツコツと書き続ける。その結果、どこまで行けるか、どの方向に行けるかは人それぞれだが、やるのとやらないのとでは絶対的に違ってくる。つまりは、自分で自分の進化を認識し、自分自身を認めることが大切なのだ。

「なぜここで日記？」と驚くかもしれないが、やってみればわかると思う。

日記で人生は変わる。なぜならば、日記の本質とはアウトプットであるからだ。

自分の頭の中にある意識を言語化するということは、考えを整理することそのもので、論理化することにほかならない。そうすることで、過ぎ去った時間に対して、自分が何を感じたのか、そして未来に対して、どんなことをしていきたいのかが見えてくる。ただしそれには、続けることが欠かせない。

日記を通して、「小さなことに挑んだ経験」をいくつ積んでも自分にはどうしてもできないことがあるとわかったら、そんなものはとっとと忘れてしまってかまわない。

ただし人生とは、筋トレと同じであることも指摘しておきたい。

身体に負荷を与えると筋肉がつくように、人生の成長にも一定の負荷が不可欠。自分の好きなことだけやって人生を謳歌できたらそれはありがたいが、人生そんなに甘くはない。目の前に難しい壁が立ちはだかり、努力してその壁を乗り越えて達成するという経験は、君たちのその後の人生をきっと豊かにしてくれるに違いない。

だからこそ伝えたい。大きな目標を立てることは大切だ。だがその結果、途中で諦めてしまうくらいなら、小さな目標を立ててそれを達成していくほうが大切なのだ。

実はこれこそが、①の「稼ぐ（生み出す）力を伸ばす」に欠かせない。力を伸ばすには何よりも継続することが必要だし、小さな達成経験の積み重ねなくして、継続することはできないし、その先の大きな目標の達成にも繋がることはないだろう。

私の好きな言葉に「Think globally, Act locally」がある。地球規模で考え、足元から行動せよ、という意味だ。これは先に述べたことと同じだと思う。まずは小さな目標を達成していくことこそが大切なのだ。

若者たちよ！

Let's Think globally, Act locally.

まずは小さな達成から始めよう。

聞き書き　熊谷幹樹自伝 9

「澤上篤人さんにわが子のように育ててもらった」

１０５ページで「澤上篤人さんは今でも雲の上の存在のまま」と言いましたけれど、会社の中での経営者の顔とは異なる、澤上さんのオヤジみたいな顔を見ることができたのはすごくラッキーだったと思います。

当時、偶然にも澤上さんと龍さんの住まいに近いところに住んでいて、レポート作りが夜中の1時に終わるなどすると、そのあと「幹樹も来いよ」とご自宅に呼ばれて飲ませてもらうことがよくありました。奥さまもいつも夜食をご用意してくれて、東京で一人暮らしをしている僕にとっては本当にありがたく、お世話になった母親のような存在でした。お宅では、さすがに夜中の1時まで働くと、発泡酒じゃなくていいワインが出てくるんです(笑)。「お前、ワイン飲みたいんだろ」って。夜、少人数でワインを飲みながら、澤上篤人さんのヨーロッパ時代の話などをよく聞かせてもらいました。

たとえばノブレス・オブリージュの話。財産や権力を持つ者はそれ相応の社会的責任や義務を負うという話や、龍さんが『理想の投資と結婚する方法』（幻冬舎）で書いている、収入の多い人はお金を使う義務があるという話などなど。歴史本を読む重要性も話されていましたね。

澤上篤人さん自身が40だかの仕事に応募して、その一つのキャピタル・インターナショナルという運用会社にアルバイトとして採用された話も聞きました。当時は澤上篤人さんもまだまだ駆け出し。一所懸命書いたレポートをボスに渡したら、次の瞬間、ゴミ箱に捨てられてしまったとのこと。

くやしいから必死に働き、少しずつ周りにも認めてもらえて階段を上ることができたそうです。そのレベルまで行くと、今度は仕事関連の能力以外に人間性とか文化的素養が問われ、さらにはそういう人として本当に魅力的な人材が、キャピタル・インターナショナルにはゴロゴロ存在したと生で聞くことができました。

澤上篤人さんの話を聞いて、いつも世界最高レベルの環境を心の中でイメージしながら、いつか自分もそんな世界で働きたいと、憧れが雪だるまのように大きくなっていったことを覚えています。

確かに澤上さんは厳しかったけれども、息子の龍さんが3歳年上で年も近いし、社内では若い20代だったのもあったんでしょう、わが子に接するような姿勢で育ててもらうことができました。

どれだけ怒鳴られ叱られても会社を辞めようと思わずにいられたのは、今から考えれば、こうした温かさがあったことが要因だったように思います。

稼ぐ(生み出す)力を伸ばす
コスト削減
長く働く
お金を働かせる

まだ見ぬ世界を見たいのならば、他人からの「いいね！」より自分への「いいね！」

「できたこと日記」などを通して自己肯定感を高める方法を紹介したが、「自己肯定感を高めること＝承認欲求を満たすこと」でないことにはご留意願いたい。

昨今の現代人の承認欲求は、暴走の一途をたどっているように思う。SNSでは「いいね！」を獲得すべく、アップされる内容は過激になるばかりだし、「自分の力を認めてくれない」との理由での転職も、増えるばかりだ。

私にはこうした人たちは実のところ「できたことが少ない」か、「できたことは多いようでも、実のところは自分の力でなし得てはいない」のだと思う。

つまりは心のどこかに自分を認められない・褒められないところがあるからこそ、他人から褒めてもらうことで「自分はすごい」との確信を得たいのではなかろうか。

自己認識のよりどころを自分自身ではなくて、他人にしてしまっているのだ。自分を一番よく知っているのは他の誰でもない、自分自身であるはずなのに。

多くの人が薄々と認識し始めているように、SNSでの見知らぬ他人の反応や称賛など、気まぐれな上に無責任なことこの上ないものが多い。他に目立つものが生まれれば、即、そちらに向かうのが常だからだ。そうした気まぐれなものからの反応に右往左往していては、自己肯定感を得ることなど、とてもできない。

それよりも、自分で自分自身を褒める（認める）ことができるようになると、成長のプロセスが開始される。

「自分は毎朝、6時に起きることができる」「6時に起きるのなんてわけがなかった」と自分自身を認められるようになると、自信がついて前向きな姿勢が生まれる。

「6時に起きることで生まれた時間をジョギングにあててみようかな」「NHKラジオの英語番組を聴いてみるのもいいかもしれない」などなどだ。ジョギングを始めるとマラソンに挑戦したくなったり、NHKラジオが物足りなくなり、海外留学を考え出す者もいることだろう。つまりはプロセスそのものが、成長することになるのだ。

表現は異なれど、これとまったく同じことを語っている人がいる。あの大谷翔平選手である。２０２３年、彼がＭＶＰを獲得した際、若い人たちに向けて、「何か目標を持ってほしい。目標を持てることそのものが、人生の豊かさだと思う」と語っている。

こうした超一流とされている人物も、「朝、６時に起きる」のようなきわめてシンプルなことをコツコツと続けて大きなことを成し遂げている事実は、見逃されやすい。あのイチローさんも、ＮＰＢ／ＭＬＢにおける通算４３６７安打と通算３６０４試合出場のギネス記録は、毎日毎日、グローブを磨いたその積み重ねや、誰よりも熱心に行ったストレッチあってこその賜物であると答えている。

自分を褒める（認める）という行為は、実はとても勇気を必要とすることでもある。自分を認めることで始まる成長のプロセスでは、失敗もあれば後戻りもある。

出会いによって人生が動く場合もあるが、その出会いで傷つくこともあるからだ。だがまだ見ぬ世界を見たいのならば、こうしたリスクに立ち向かう勇気なくして見ることはできない。

一方、「自分はダメな人間だ」「まだまだダメだ」とする立場は、とても快適で居心地がいい。「ダメな人間」「まだまだダメ」とすることで、居心地のいいその場に止まることができるし、新しい出会いもないが、その出会いで傷つくこともないからである。

人生とは選択の連続だ。若い君たちもすでに多くの選択をして、きっと今日という日を迎えているに違いない。あの習い事をしようか、あるいはクラブに入ろうか。その積み重ねが、今の君をつくっている。突き詰めて考えると、自分が人生でどう振る舞うか、どう生きるかを自分で選択しているといえよう。

「あの人は嫌い」「自分はダメだ」、そう選択しているのは自分である。それと同時に、「私は生まれた環境のせいであれができない」は、親のせいにすることを選択していることと気づくべきだ。どんな環境であれ、諦めずに前に進む道を選択している若者はたくさんいる。だからこそ伝えたい。どんなに厳しい環境であっても、困難がやってきても、君たちには常に、「諦めない」という選択肢があることを。

未来ある君たちには、ぜひとも勇気を出して自分を認め、立ち止まるのではなく行動を選択してほしいと願っている。

最後に中国のことわざを紹介したい。「不怕慢、就怕站（bù pà màn, jiù pà zhàn）＝遅くなってしまうことは問題ではない、立ち止まってしまうことを恐れよ」という古《いにしえ》からのメッセージだ。

若者たちよ！
不怕慢、就怕站。
ゆっくりでも歩みを続けよう。
立ち止まった先に光はささないのだから。

稼ぐ(生み出す)力を伸ばす　コスト削減　長く働く　お金を働かせる

「ルーティン化」に勝る成功法則はなし！

大谷翔平選手やイチローさんのような超一流スポーツ選手はもちろん、世で成功者とされている人びとがかならずやっていることがあるのをご存じだろうか。

それこそが、ルーティン化だ。大谷翔平選手しかり、イチローさんしかり。成功する人たちは皆、例外なく「継続は力なり」という言葉の信者であると断言できる。

言い換えると、達成したい目標があるのならば、ルーティン化することだ。それができれば、成功は黙っていても自動的にもたらされる。

たとえば先ほど話した筋トレ。筋トレを継続すれば、素晴らしい身体になることはわかっている。だが、筋トレを成功させて素晴らしい身体を手に入れるには、続けることが欠かせない。

だとしたら、たとえば起床後の10分を、筋トレに充てると決めて続ける。わざわざジムに行く必要はない。自宅で朝のわずか10分の筋トレを、毎日コツコツと続けるのだ。

行動心理学に「インキュベートの法則」というものがある。日本語では「21日間の法則」といわれ、21日間続けると意識しつつ行っていた行動（顕在意識）が無意識の行動（潜在意識）になり、ルーティン化するというものだ。

つまり筋トレでも英語でも他の何であったとしても、3週間、嫌々ながらでも続ければ、自然と身体がそれを欲するようになっていき、思考停止状態のまま続けられるようになっていくというのである。

この状態まで持っていければ、10分の筋トレ時間を20分、30分と延ばしていくのに苦労はない。筋トレそのものが毎朝の歯磨きのように習慣となり、しないとむしろ気持ち悪く感じるようになっているからだ。

ちなみにこのルーティン化は、頑張りが成績に繋がらないというような時にも効果を発揮する。こうした泥沼にハマってしまったら周囲を見渡し、うまくやれている人を観察して、そのプロセスを研究してみることだ。才能や運もあるだろうが、ラッキーは所詮ラッキーでしかない。成功を継続させている人たちにはやり方、つまりは続ける仕組みがかならず存在していることに、きっと気がつくことだろう。すなわち、ルーティンである。

私自身もこのルーティン化を実行し、ビジネスや日々の生活に役立てている。毎朝、起床直後の6時から6時30分までを筋トレタイムと決め、もう15年間も同じメニューの筋トレを行っている。お風呂が好きで、毎日朝夜2回お風呂に入るが、朝はかならず同じ湯温でと、これもまた、ルーティン化している。

やや熱めのお湯に浸かりながら防水のスマホで新聞や本を読み、特定のサプリを飲み終えたら、電車で仕事に出かける。ちなみに、私は車を運転することは好きだが、なるべく運転はしたくないと思っている。両手がふさがり、運転以外できないからだ（それでも、厳密には、電話ミーティングはできるので、運転する時は電話ミーティングを入れるようにしている）。

電車内ではスマホで読書とこれもルーティン化。こうすることで毎朝1時間半程度、帰宅時間を含めれば、2・5時間の読書時間が自動的に確保されている。

このようにしたいこと・すべきことをルーティン化しているから、何も考えなくても健康な身体を維持できているし、仕事に必要な最新知識が自動的に入ってくる。健康とフレッシュな知識が維持できれば、③「長く働く」ことができるし、ビジネスの新たな可能性を広げることができる。ルーティン化は、①「稼ぐ（生み出す）力を伸ばす」にも直結するのだ。

ちなみにルーティン化は、④「お金を働かせる」にもきわめて有効だ。

お金を増やす最高の方法は、一か八かで賭けることではない。ハイリスクのもとハイリターンを狙うよりも、毎月一定額の積み立てを、ルーティンとしてコツコツコツコツと続けることこそが王道にして正解。君のような学生や若手ビジネスパーソンのように「時間」という掛け替えのない財産を持つ者ならば、なおさらだ。

成功というと、運や人脈といったものに目が行きがちだがとんでもない。成功のカギは運や人脈といったものとは正反対の、毎日コツコツの継続力にある。つまりは何事かに成功したいと願うなら、ルーティン化こそが最高・最強の方法なのである。

若者たちよ！
ルーティンを制する者は人生を制するのだ。

時間は有限。即レスして即、忘れろ

私は、ビジネスにおいても当然、ＬＩＮＥを始めとした各種コミュニケーションツールを使うが、そのすべてにおいて即レスを意識している。なぜかと問われれば、レスを長引かせて抱えていることは、コストそのものであるからだ。

仕事の洪水の中では、どの業務を優先し、どの業務を後回しにするかの判断がつき物だ。最優先して手をつけたもの以外の業務は、在庫化した仕事といえる。そして在庫化した仕事の多くは倉庫の奥底で在庫化した商品と同じく、やっかいな問題をもたらす。記憶が曖昧になったがゆえのトラブルやミス、思い出すための時間的コストなどがそれだ。

だから仕事や思考に在庫をつくってはならない。連絡には即レスし、そして即、忘れる。そして次にすべきことに手をつけるのだ。これは連絡をよこしたクライアントやチームメンバーを喜ばすことでもある。連絡は知りたいから、動いてほしいからこそよこすもの。素早い反応ほどありがたいものはないからだ。

具体的には、コミュニケーションツールによって様式は異なれど、チャットツールであれば、どんな連絡に対しても数分から1時間以内と、とにかくできる限り早く返信を。メールなどであれば、どんな連絡に対しても12時間以内に返信すべきであると思う。「あれ、どうだったかな？」と思い出すコストをつくらないためだ。

優秀なビジネスパーソンである君には、思い出すことよりも、もっとずっと大切な仕事があるはずである。実際、優秀なビジネスパーソンには一つの共通項がある。それは皆揃って返信が早いということだ。言うまでもなく、優秀であればあるほどさまざまな案件をこなし、仕事は忙しいに決まっている。それでも返信が早いのだ。

つまり、忙しいということ自体が、コミュニケーションに遅延をもたらす理由にはならない。逆に、仕事ができない人ほど、返信が遅く、忙しい、忙しい、といつもつぶやいている。「忙しい」は心を亡くすと書く。君たちには、ぜひとも心を亡くさないでもらいたい。

このコストをつくらないという原則は、連絡のみならず、日常の仕事においても自分自身徹底を心がけている。

例を挙げると、すべきことはすべてスマホのアプリを活用し、TO‐DOリスト化、ことあるごとにチェックすることをルーティン化している。一日の仕事は、いつもそのTO‐DOリストの確認から始まり、TO‐DOリストの確認で終える。

TO‐DOリスト化するのは、タスク漏れ防止であり、同時に忘れるためでもある。本当のところ、私にとっては後者の比重のほうが大きい。

つまり、TO‐DOリスト化して漏れなくタスクをこなすことができれば、安心して忘れることができる。安心して忘れることができれば、また新たなタスクにまっさらな状態で取り組むことができる。「あの仕事、どうだったかな？」「ちゃんと連絡しただろうか？」と在庫管理に気をとられていては、新たなるタスクに全力投球することはできない。即レスして即忘れることこそが、いい仕事をするための秘訣なのである。

若者たちよ！
仕事はすぐに着手し、忘れろ。

聞き書き

熊谷幹樹自伝10

思い出の卵とキクラゲ、525、そしてマッコ

先にも触れたとおり、僕がさわかみ投信に入社したのは本当に絵に描いたようなベンチャー時代でした。皆、朝から晩まで必死に働き、徹夜も幾度も経験しました。段ボールにくるまって寝るなんてこともありましたね。今思うとめっちゃブラック企業だったと思います（笑）。

会社の経営も火の車で、企業として存続するために、あらゆるコストを切りつめていました。コピー機でプリントアウトする時は裏紙があたり前。新しい紙でプリントしようものなら、澤上さんに「裏紙を使えと言っただろう！」と怒鳴られました。

楽とは決して言えない経営状況の中でも、皆で遅くまで仕事や作業をしている時には、澤上さんが夜食としてお弁当を注文してくれることがありました。オフ

ィスの近くにあった「フロリダ」という飲食店で、注文は、卵とキクラゲのお弁当。時にはそこに煮卵もつけてくれました。煮卵があると「よっしゃ！　ラッキー！」という感覚で、皆でテーブルに集まり一緒に食べたものです。まさに同じ釜の飯を食べるような関係で、あの卵とキクラゲの弁当の味は今でも心の中ではっきりと覚えています。本当においしかったな。

「525（ゴーニーゴ）」そして「マッコ」も同じような思い出です。

まるで呪文のようだけど、これも自分にとっては大事な記憶。兄貴分の龍さんも僕も身体が大きく、当時は20代前半。それはそれは食べるわけです。それでも、給与は生活ができるギリギリの額。でもお腹は空くわけで、そこで見つけたお店が当時四谷にあった「赤札屋」という居酒屋でした。

お昼12時半を過ぎると、余った食材がすべて525円（500円＋消費税5％）で食べ放題という、奇跡のようなお店です。飢餓状態にある僕と龍さんにとっては願ったり叶ったり。そのお店を見つけてからはしめたものです。片道15

分以上も歩かなければなりませんが、それ以来数年に亘り通いつめました。

そしてもう一つ忘れてはいけないのが「マツコ」ですね。

121ページでも触れた金曜勉強会においては、壮絶なプレッシャーの下、いプレゼンテーションしなければならないわけです。僕も龍さんも20代前半で、いわゆるぺーぺーな若造です。その緊張とそこから生まれる疲労によって、勉強会後にはぐったりしていました。そこで、二人で自分たちを慰労するべく新しいお昼のコースを開拓したのです。さすがに「525」も毎日行っていると飽きますから（笑）。そこで僕たちの人生の新しい希望と光になったのが「マツコ」です。これは松屋で牛丼を食べ、その目の前にあった珈琲屋でコーヒーを飲むという流れで、自然にそのコースは松屋とコーヒーで「マツコ」と命名されました。牛丼大盛りを食べたあとコーヒーを飲めるなんて贅沢もいいところ。あの時代に「マツコ」があったから今の僕がある！　と言いきれます（笑）。

以来、昼時になると「今日はゴーニーゴ？　マツコ？」と龍さんと自分の間では、まるで暗号を交わすかのような会話を真剣にしていました。きっと周りからは、こいつら何言ってんだ？　と思われていたかもしれません（笑）。

　あのベンチャーの時代を思い出すと、いつもこのエピソードを思い出す。きっと、これからも、卵とキクラゲ、525、そしてマツコを忘れることはないでしょう。

過去には未来が詰まっている

Appleの創業者であるスティーブ・ジョブズ氏が２００５年、スタンフォード大学の卒業式で行ったスピーチは、「Stay hungry. Stay foolish（ハングリーであれ。愚か者であれ）」の名台詞で、今では伝説のスピーチとなっている。

ジョブズ氏はこのスピーチでもう一つ、印象深い言葉を残している。自分自身の人生を振り返り、「これまでの人生、さまざまなことがあったが、今になって振り返ると、そのさまざまな点と点は繋がっていた。それがようやくわかった」と語っているのだ。

この「Connecting the dots（点と点を結ぶ）」は「Stay hungry」の頭韻を踏んだ名台詞にも勝るとも劣らないメッセージで、これもまた多くの人に感銘を与えた言葉として知られている。そしてこのジョブズ氏の言葉と同じこと、つまりは「過去の点と点が繋がって今の自分がある」と感じている人は、少なくない。この私も、同じように感じている大勢の中の一人だ。

27ページで触れたとおり、私はひどい環境で中学校生活を送っていた。

今でも忘れない、いや、忘れたくても忘れることすらできない思い出ではあるものの、あのいじめに耐え抜いた経験があったからこそ、決して諦めない精神力を授かったと感じている。もしもあのいじめに耐えた経験がなかったら、さわかみ投信で経験したベンチャー企業の厳しい環境に耐えることはできなかっただろうし、それ以前にベンチャー企業の道を選択することもなかった。きっとまったく違う人生を送っていたに違いない。

つまりは人生で出会う点を肯定的に解釈するか、あるいは否定的に解釈するかで、その後の人生は大きく変わるものなのだ。だとしたら、肯定的に捉えたほうが有意義であるのは間違いない。

君が学生であれ、あるいは若手ビジネスパーソンであれ、これまでさまざまな困難に直面しただろうし、これからも直面するだろう。人生が親ガチャや出身地ガチャで大きく左右される事実もまた、なくなることはないと思う。

だがどんな点もいつかは繋がり、無意味だったりガチャにハズレてしまったと思っていたものが、失敗どころか恵みであったかもしれなかったことに気がつくこともあるだろう。私の今の人生は、あの過去があればこそだったと気がついたのと同じように。

過去をどのように解釈するかというのは、実は一つのスキル（技術）である。「事実は一つ、解釈は無限」という言葉がある。事実は一つだとしてもそれを君がどのように解釈するかは自由であり、君の意思によって解釈は変えられる。どんな苦しい経験であっても、それがあったから今があると捉え解釈するのは、君の親でもなく、友達でもなく、君自身だ。私はこのことを「過去に意味を持たせる」と表現している。「あの体験があったから、今はこれができる」「あの苦しい期間があったから、これが身についた」。過去の点と点は、ぼぉーっと待っていても繋がらない。繋げるのは君の能動的な意思なのだ。

過去には、未来を輝かせるものが詰まっている。だからこそ、日記をつけることを推奨したい。日々の考えや感情を言語化し、読み返すことで、さまざまな点の意味がわかってくる。さまざまな苦労や困難の意味がわかれば、今日、そして未来を肯定的に捉えることに繋がり、人生や新たなビジネスに立ち向かうエネルギーとなる。

人生での経験に無駄なものなど、何一つないのだ。

若者たちよ！
事実は一つ、解釈は無限。
君の未来の希望をつくるのは君自身だ。

聞き書き 熊谷幹樹自伝 11

そしてメガファンドとなる

さわかみ投信に入社した2001年3月から4年の時が経過したころでしょうか。さわかみファンド自体はものすごい勢いで成長していて、ファンドの純資産総額もいよいよ1000億円が見えてきました。この1000億円というのが、ものすごい意味のある通過点でした。

投資信託業界に突如疾風のように現れ、急激に成長していったさわかみファンドには、やっかみやヤジを始めとしてさまざまな向かい風があったはずです。

僕はまだぺーぺーだったから知っていることは限られているかもしれないけれど、嫌がらせみたいなものもあったと聞いています。それが1000億円ともなれば、金融業界では「メガファンド」と呼ばれ、業界からのヤジも一切寄せつけない正真正銘の本物になれるわけです。2005年に入り、その1000億円がいよいよ間近に見えてきました。
　そこで僕はこの1000億円までの歩みを記録として残すべく記念誌をつくろうと澤上さんに提案。そして澤上さんも二つ返事で「よし、やろうぜ！」と言ってくれました。同時に、さわかみ投信の精神というか哲学も併せてつくることを依頼。フットワークの軽い澤上さんは、瞬時にペンを取り、書いてくれました。しかも15分くらいで。それが今日でもさわかみ投信に存在する職場精神です。

職場精神

一．ギブ、ギブ、ギブ、ギブ、ギブ、とことんギブ。そしていつかは、ギブンこれは成熟経済における顧客ビジネスの本質であり、当社はギブ・アンド・テイクの考え方やテイク・アンド・テイクの利益追求至上主義とは一線を画す。

一．顧客第一主義、されどプライドは高く

お客さまに、それも既存のお客さま優先で、「どれだけ信頼してもらえるか」を、社員一同、とことん追求する。

だからといって、「お客ぶられる」気はない。

ご縁が口コミで広がっていくぐらいで丁度いい。

一．「時の審判」に耐えられる仕事

時間が経てば経つほど、実績と信頼が高まる仕事をやり続けることに、自己充実感を覚える。

その人の理念や生き様は、時間の経過が、すべて白日の下にさらけ出してくれる。

一．結果がすべて、それも自分の意思と意欲と誠実さを出し尽くした結果が運用ビジネスは結果の世界。

どんな状況の変化も個人的な事情も、結果を出した者の前では通用しない。

ラッキーな結果は所詮ラッキーでしかない。再現性ある結果を求めるなら、結果に至る過程を磨き込むべし。

一．頭や心にぜい肉をつけない

いつも「おかげ様で」「ありがたいことだ」を、心に念じつつ、仕事や人生に真剣勝負を挑み続ける。

質実剛健かつゆったりと生き、余裕を社会にお返しさせてもらう。

2005年6月17日。さわかみファンドはついに純資産総額1000億円に到達しました。新しい時代が始まった瞬間でした。

当日の祝賀会において、澤上篤人さんが涙する姿を初めて見た日でもありました。

カレンダーに日付を入れよ
自分の敵は自分。成功への道を阻んでいるのは自分自身

お金は欲しい。だが①「稼ぐ（生み出す）力を伸ばす」には困難や挑戦がつき物だし、②「コスト削減」をしたければ、大好きな飲み会にもメリハリをつけなければならない。

お金に限らず、何をするにも制約ばかり。自由に生きたいのに生きられない。自由はどこにあり、どうすれば制約から自由になれるのか？

結論からいうと、自由はいつも君自身の心の中にある。制約をつくっているのは社会でもなければ会社でもない。君自身だ。

確かに、①「稼ぐ（生み出す）力を伸ばす」には困難や挑戦がつき物だ。だがそれを克服できた時の達成感は格別で、仕事をする醍醐味そのものといっていい。仕

事上の困難や挑戦はできることなら避けたいと思いがちだが、困難や挑戦が何一つない仕事など、退屈するばかりなのも事実だろう。

②「コスト削減」も同様だ。飲み会に行けないと考えれば制約だが、アルコールを飲まないことで健康になり、その時間を好きなことに使えると考えれば、断ることが健康と自由へのパスポートになり得る。すべてはどう解釈するかの問題なのだ。

これはお金を儲ける（つくる）ことに限らず、実は人生そのものにも当てはまる。

ときおり大学での講義の機会をいただくこともあり、Z世代と呼ばれている若い諸君と話すことがよくあるが、「したいことが見つからない」「やりたいことが何もない」という声を聞くことがしばしばだ。

厳しい言い方になっていたら恐縮だが、それは「見つからない」のではなく、「見つけようとしていない」。つまりは見つけようという意思がないのだと思う。

そうした若者たちに「では夢はあるかい？」と尋ねると、定型文のように「今はない」との答えが返ってくる。3年後、5年後にまた会って彼らに「夢はできたかな？」と尋ねても、同じように「今はない」との答えが返ってくると思う。

今、したいことがなければ、今後もしたいことは見つからない。今、夢がなければ、今後も夢を持つことはできない。だからこそ、小さな目標を決めてそれに挑戦、できたことを見つけてそれを認識し、「できない」「やれない」「あとでやればいい」といった制約をとっぱらうことが必要なのだ。「本当にしたいこと」や「絶対に叶えたい夢」は、「できた」「自分はやれる」「やってみるか」から生まれ、それを成長させてこそ、手に入れられる。つまりは行動することなしに、変わることはできないのだ。

ベストセラー『嫌われる勇気』で有名な世界的心理学者のアルフレッド・アドラーはこれを、「過去と他人は変えられない。変えられるのは、自分自身と未来だけ」と表現している。

だからこそ、小さな目標を設定し、それをクリアする行為を、雪だるまのように積み重ねていくべきだ。そのためにはカレンダーに目標達成すべき日付を入れ、今日からその目標に向かって歩み始めよう。目標が達成できたらまた一歩高い目標を設定し、それを、雪だるまを大きくするように少しずつ大きくしていく。

お金を貯めることしかり、人生しかり。成功は、自分の意思と行動からしか始まらないと肝に銘じよう。

若者たちよ！
意思なくして未来なし、行動なくして未来なし。
目標や夢はいつ決めるのか？
今だ。

最高峰のビジネススクール「Wharton School」への留学を決意

さわかみ投信に入社して3～4年、アナリストの部署に移って間もないころ、他の会社ってどういうものなんだろうかと思うようになりました。

会社は純資産総額1000億円も目前に迫るほど順調に伸びていてロマンそのものだったし、自分もグングン成長している実感がありました。でも同時に、ある種のコンプレックスのようなものも感じていたんです。つまり、自分はこの会社、さわかみ投信しか知らない。社会はもっとずっと広いはずなのに。さらには世界を相手にするビジネスパーソンになろうと入社したのに、まだ実現できていないという焦りもありました。澤上さん自身もいつも世界での経験の話をしてくれましたし、聞けば聞くほど、世界とはどういうものなのか？　と考えるようになりました。

それで2004年だったかと思いますが、「俵屋」というラーメン屋でラーメンを啜りながら、澤上さんに「海外のビジネススクールに留学してMBA（経営学修士）を取りたいんですが」と相談したことがあったんです。

真っ先に返ってきたのが、「そんなの、やめとけ。まったくもって時間の無駄だ」という言葉でした。

澤上さんいわく「ビジネススクールなんて行ったら頭でっかちになるばかり。あいつら理論、理論で、ああしたMBAが金融を悪くしているんだ」と。「現場に立って事業を伸ばしていくほうがずっと勉強になるぞ」とも言われましたね。

でも続きがあって、そのあと「ただ、オレが唯一行きたい学校がある。それはペンシルベニア大学のウォートン・スクールだ」とおっしゃったんです。

ウォートンには長期投資について研究しているジェレミー・シーゲルという教授がいて、『株式投資（*Stocks for the Long Run*）』という本を書いています。投資を株式投資が始まった200年前にさかのぼって分析した大著です。澤上さんは、「そこだったら、オレは今でも行きたい」と言うんです。

そこで初めてウォートンという名前を知ったんですが、調べたらものすごい学校でした。アイビーリーグ8校の中の一つ、ペンシルベニア大学に属し、1881年にフィラデルフィアの実業家であるジョセフ・ウォートン氏の寄付により、世界で最初に設立されたビジネススクールです。つまり、世の中に存在するMBAの源流でした。フィナンシャル・タイムズ紙の世界MBAランキングで、2008年まで9年連続で第1位。ビジネスウィーク誌のランキングでも、1994年から10年間、第1位になっています。

それで「えっ、こんなスゴイの⁉」とびっくりしたけれど、どうせ留学するなら、夢は大きく持とう、ここにチャレンジしようと思いました。ただ当時はまだアナリストとしてもペーペーでしたし、アナリスト試験にすら合格していなかった。結構、難しい試験なんです、アナリスト試験って。ですからそれからアナリスト試験に向けて夢中になって勉強しました。そして2005年に合格。

すると時を同じくして、さわかみファンドがとうとう１０００億円の大台を超えて、メガファンドに。これが何よりも覚悟を決めるきっかけとなりました。

ファンド資産が１０００億円を超えた２００５年６月17日を経た６月末だったと思います。澤上さんに「ウォートンにチャレンジします」と伝えました。

今でも覚えています。澤上さんからはとても短い一言、「わかった、やれ」という言葉が返ってきました。

時には浪費していることを自覚しつつ徹底的に浪費せよ

第1章で私は、浪費や投機も欠かせない経済行動の一つであると書いた。われわれが行うべき長期投資も、浪費や投機があって株式市場に流動性が生まれてこそ株を購入することができる。一見、無駄の極みのような浪費にも、意味はあるのだ。

そうした意味でも、若い時分に一度、徹底的に浪費してみるのも一考だと思う。

私が尊敬するある起業家はこれを別の言葉で、「ぼぉーっとする時には、ぼぉーっとしようと決めてからぼぉーっとせよ」と言っている。つまりは、時間の浪費だと自覚しつつぼぉーっとせよということだ。言い換えるとこれは、「人生にメリハリをつけよ」という意味である。

36ページでホス狂いは消費でなく浪費ではあると書いたが、こうした浪費を否定するつもりはないし、若い諸君が背伸びをし、身の丈に合わないブランド品を持つことも否定しない。どちらも浪費であるとは思うものの、ホス狂いの経験は人間を知るためのお金では買えない勉強になっただろうし、背伸びして浪費した経験なくして賢明な消費行動が取れるようになることもないからだ。

そしてこれは、時間に関しても同じことがいえると思う。

もしも「やりたいことが見つからない」のなら、引きこもるのもいいかもしれない。病的な引きこもりでない限り、数ヶ月もしないうちに何かしなければと思い、きっと部屋を出たくなってくるはずだ。

お金も時間も、浪費が生産的なものを生み出すことは稀で、ほぼほぼあとから後悔することになると思う。だが、浪費を浪費と自覚していれば、その経験はそれ以降の人生を、思っている以上にアグレッシブなものにしてくれる。要は、そこに意思があるかないかで行動そのものの意味が変わるということだ。

たとえば、Amazon のジェフ・ベゾス氏しかり、X のイーロン・マスク氏しかり、リッチになればなるほどその働きぶりはハードさを増している。すでにあり余るほどお金はあるのに、なぜかようにハードに働くのか？
「仕事が好きだから」「もっともっとお金が欲しいから」などなど、理由になりそうなことはいくらでも考えつくが、本当のところ私は、「実現したい未来に向けて働かずにはいられないから」であると思う。

ベゾス氏もマスク氏も、実現したいアイデアやビジネスがまだまだあるのに、人生における時間は使い果たしてはいないものの、潤沢ではない。お金という資産こそあり余っているものの、時間という資産に関しては、君たちのほうがよっぽど手持ち豊かだ。時間とは時の神・クロノスが持つ砂時計の中の砂粒そのもので、砂粒が流れ落ちるのをベゾスもマスクも止めることはできない。同時に時間ほどこの世で浪費しやすいものもない。時間を浪費でなく意味あることに使う唯一の方法、それこそが挑戦なのだ。時間へのそうしたひりつくような焦燥感があればこそ、両氏はあのようにあらゆることに挑戦しているのだとも思う。

つまりはここでもまた、意思を持って行動することが大切なのである。

若者たちよ！
ぼぉーっとする時には、ぼぉーっとしようと決めてからぼぉーっとせよ。
人生にメリハリをつけよ。
人生は有限だ。

ウォートン・スクール入学までの道のり

実際にウォートン・スクールに入学するまでには2年かかりました。入学にはTOEFL®の点数はもちろん、英語でEssay（論文）を書いて提出する必要もあるし、GMAT™という知能テストまで受けて選抜されます。

とにかく世界トップのビジネススクールなので世界中から優秀な志願者が押しかけてきますから、簡単には入れないし入れてくれない。僕も1年目のトライではボトムライン（合格のための最低ライン）にも達せず、申請することができませんでした。

2年目が最後の挑戦と肝に銘じて、澤上さんに「もう1年勝負させてください。ついては勉強時間確保のために18時に定時上がりさせてください」と伝えると、ここでも「そうか」と。快く許してくれたんですが、それからがつらかった。勉強がつらいんじゃなくて、自分一人が定時で帰ることが、です。

前にも話したとおり、会社そのものはガンガンと伸びている。ガンガンと伸びているから、仕事もガンガンとハードになっていきます。そんな中でたった一人、18時になると帰り支度をするわけですから、どうしたって周囲は「なんで熊谷ばかりが」という話になります。

セミナーを開けば同僚たちはお客さまと一緒に盛り上がるのに、自分は参加できない。澤上さんからは、定時帰りを快く許してはくれたものの、僕にはもっと現場に立ってほしい、リーダーとして盛り上げてほしいという思いを感じました し、僕自身もそうすべきではと感じることがしばしばでした。孤独をひしひしと感じていましたし、実際、社内で孤立して、いろいろ言われていたのも事実でした。

ただそんな中でも、勉強の成果は確かにありました。そしてウォートンに合格することができたんです。

ウォートンの審査官から直接電話が来て、「Take a deep breath（深呼吸して）」と言われたのを覚えています。そのあと一拍置いて、「Congratulations!（おめでとう！）」と。

Applicationと一緒に送った論文が功を奏しました。さわかみ投信を始めとした投資信託という仕組みが今後の日本で果たす役割や、それがどれだけ大切かを書いたんですが、これが良かった。あとになって聞くと、それにいたく感銘を受けたとのことでしたから。

もう、奇跡としか思えなかった。自分がウォートンに合格できたなんて……！

2007年春のことで、僕は28歳でした。

そして春が過ぎ、僕はアメリカへ旅立っていくのです。

稼ぐ（生み出す）力を伸ばす　コスト削減　長く働く　お金を働かせる

大きく失敗した者のみが、大きく成功できる

あのユニクロを運営するファーストリテイリングの代表・柳井正氏は、『一勝九敗』という本を上梓している。あの世界的アパレル企業の経営者もまた、10回挑戦してわずか1勝、つまりは失敗につぐ失敗を重ねてようやく成功できたといっているのだ。

もう一人、大きく失敗した天才を紹介しよう。誰もが知る世界的な画家パブロ・ピカソである。

『ゲルニカ』始め、ピカソの天才的な才能が世界の芸術ひいては文化、文明に強い影響を与えたことは言うまでもない。だがこの背景にはあまり語られない事実がある。それはピカソが生涯で約1万3500点の絵画作品の他、版画作品、本の挿絵、そして彫刻と陶器作品など、総計約14万7800点もの作品を作っていたという事

実だ。ピカソが天才なのは間違いない。だが、その天才的な作品の背景には、膨大な努力と挑戦があったのだ。

このように今をときめく名経営者や、歴史的な天才と呼ばれる芸術家ですら、これほど多くの挑戦と失敗を重ねているのだ。

失敗を経験すれば、何が原因で失敗したのかを身をもって知ることができる。

もしも右を選んで失敗したのなら、次回選ぶべきは左しかない。成功へ一歩近づくことができたわけだが、何もしなければ、その一歩すら進むことができない。

つまりは失敗なくして成功はあり得ず、失敗という経験をしない、あるいは失敗を恐れて何も行動を起こさないことこそが、本当の意味での失敗なのだ。

さて、ここで尋ねたい。最近、君は、何かに失敗したことがあるだろうか？

「何を失敗したか思いつかない」「何も失敗していない」のならば、君はみずから成功から遠ざかっているものと思ったほうがいい。何事にも挑戦していないからである。そしてそれでは、①「稼ぐ（生み出す）力を伸ばす」の実現も不可能だ。

人生やビジネス、あるいは①「稼ぐ（生み出す）力を伸ばす」ことは、筋トレと同じだ。筋肉はトレーニングというストレスなくしてつくり上げることはできない。成功とは、決断と失敗、そして挑戦、さらにまた挑戦というトレーニングをうんざりするほど繰り返した者にのみもたらされる、究極のご褒美なのである。

ただ忘れてはならないのは、その憂うつな行為の中には喜びもあれば楽しさもあるという真実だ。目的を達成できた喜び。自分には無理だと思っていたことが実現できた喜び。あるいは誰かと力を合わせて目標に向かっていく楽しさと喜びetc.……。

そうしたものこそが人生の豊かさそのものだが、苦労なくして喜びはあり得ず、挑戦なくしてその喜びを経験することはできない。

だから君たち学生や若手ビジネスパーソンには、道が二つあった場合、難しいほうの道を行くことをお勧めしたい。

朝、通勤でどの道を行くかから始まって、就職すべき会社の選択、仕事上での選択と、人生は選択の連続だ。そして選択の難易度は、年齢や立場とともに上がっていく。安易な道と難しい道、後者の道を選べばより難しい選択を求められることとなり、失敗と挑戦の回数もずっと多くなると予想される。

だが、難しい選択を経験すればするほど、学べることもまた、多い。つまり憂うつ度と成長の可能性は比例する、そして実現した時の喜びの大きさもまた比例するのだ。大きく失敗した者のみが、大きく成長できる。お金を増やしたい、豊かになりたいのならば、ゆめゆめこれを忘れることなかれ。

君たちの人生がお金に恵まれ、同時に喜び多い有意義なものであることを、心から祈っている。

若者たちよ！
君の人生に二つの道があった時は、難しい道を選択しよう。
そのほうがきっと君の人生はおもしろくなる。

最終章

日本から
世界へ

いつの時代も、未来を担うのは若い力

国民的作家・司馬遼太郎氏の名著にして、NHKによりスペシャルドラマ化された『坂の上の雲』は、こんなナレーションとともに幕を開ける。


「まことに小さな国が、開化期を迎えようとしている。

『小さな』といえば、明治初年の日本ほど小さな国はなかったであろう――」


メッセージは次のような内容で流れていく。

日本には、産業といえば農業しかなく、人材といえば300年の間、読書階級であった旧士族しかなかった。日本人は明治維新によって初めて近代的な「国家」というものを持ち、誰もが「国民」になった。

「国民」となった人々は、この国の歴史上初めて、社会のどの階層のどういう家の

子であっても、必要な記憶力と根気があれば、博士にも、官吏にも、軍人にも、教師にもなり得ることを知った。

明治という時代の明るさは、こうした楽天主義から来ているのだ、と。

印象的なナレーションは、次の言葉で締めくくられる。

「彼らは、明治という時代人の体質で、前をのみ見つめながら歩く。登っていく坂の上の青い天に、もし一朶《いちだ》の白い雲が輝いているとすれば、それのみを見つめて、坂を登ってゆくであろう」

今日から150余年前、日本という小さな国は、明治という新しい時代を迎えた。そして日本人はここで初めて、近代的な「国家」というものを持つに至った。260年続いた江戸時代が幕を閉じ、西洋諸国に追いつくべく日本の近代化が始まったのである。

時もほぼ同じ明治最中の１８８１年。アメリカのペンシルベニアにとある学校が誕生している。世界初のビジネススクールであるペンシルベニア大学のウォートン・スクールだ。そして当時としては異色の大学の初代卒業生５人のうちの１人は、実は柴四朗という日本人であったことを知る人は、少ない。

１５０年も前に、この柴四朗を始めとした多くの若者たちが日本を離れ、世界を目指して大海原を渡っていった。日本というまことに小さな国の若者が、欧米という文明国にどれほど憧れ、その頂の中でどれほど苦労して切磋琢磨したことか。その苦労と勇気を正確に理解するのは、令和を生きるわれわれには難しい。

憧れにはかならずいくぶんかの劣等感が伴う。欧米という坂の上の憧れを追いかけ、追いつくべくして生じた、劣等感との壮絶な戦いは、想像に難くない。

それでも若者たちは、挑戦を選択して世界に挑んでいったのである。

あれから150年以上の時が流れた。

日本は『坂の上の雲』の物語にあるように日露戦争で勝利し、日本の名を世界に轟かせた。だがその後の第二次世界大戦で完全なる敗戦を経験する。この第2の維新ともいうべき激動期から立ち上がった日本は経済大国となり、再び世界を驚かせた。産業といえば農業しかなかった小さな国が、超大国アメリカと戦って全国を焦土としたものの立ち上がり、ついには世界中の誰もが知る「JAPAN」となったのだ。

さて、君たちに尋ねたい。君の目には、今の日本という国はどう映っているだろうか?

かつて「Japan as No.1」と言われ、日本が世界経済を席巻した時代のことなど、君たちは知る由もない。この日本という国は、もうかれこれ30年以上に亘り経済の停滞の中を歩んでいる。アメリカや中国を始めとする多くの国がこの30年で大きく経済成長を遂げた一方で、日本は立ちすくんだままでいる。給与の水準も、この30年間大きな変化はなかった。経済が停滞している国の物価は上がりづらい。インバウンド旅行者が口を揃えて「物価が安い」と語るのは、しごく当然の話なのだ。

30年の長きに亘る経済の停滞で、日本は世界におけるプレゼンス（存在）を失ってしまった。

日本はこのまま、「安価な国」から「貧しい国」になっていくのだろうか？

大きな国から再び小さな国へと立ち返ってしまうのだろうか？

解答のヒントは、過去にこそあるように思う。

国内の豊富な需要がガラパゴス化の要因に

手元のスマホに目をやってほしい。愛機のメーカーはどこだろうか？

iPhone？　それともGoogle Pixel？　Galaxyという読者もいれば、最近人気急上昇中のOPPOという人もいるかもしれない。スマホの人気ランキングにソニーのXperiaとシャープのAQUOSがどうにか顔を覗かせているものの、日本メーカーのスマホは、オワコン化して久しい。

スマホ誕生前、日本には、世界に誇るべきＩＴがあった。携帯電話に搭載されていたi-modeがそれである。i-modeには世界標準となり、現在のスマホの立ち位置を占めるチャンスは確かにあった。だが、世界展開には至らなかった。理由は日本そのものにある。

i-modeが日本中を席巻していた２０００年代、国民はまだまだ若く、国内にも大きな消費が存在した。通信会社もメーカー各社も、日本での需要を満たすだけでも大きなビジネスチャンス。苦労も多ければ資金も必要な海外市場でのi-mode展開に向けた乾坤一擲《けんこんいってき》の大挑戦をしかけるよりも、国内に留まり、温かな巣に閉じこもることを選択したのだ。

通信会社や日本メーカーがぬくぬくと巣の温かさを楽しんでいるその横で、世界は着々と変化を遂げていた。途上国では、携帯電話が固定電話を飛び越して驚異的なスピードで普及していく。２００７年にはiPhoneが誕生。世界がその革命的なコンセプトに衝撃を受ける中、それでも通信会社や日本メーカーの危機感は薄かった。

「いやなに、われわれにはi-modeがある――」

気がつけば日本はすっかり世界から取り残され、ＩＴ後進国に落ちぶれ果ててしまった。かつてテクノロジーで世界を席巻した日本が、である。

日本は市場としても恵まれ、高い技術力があればこそガラパゴスの鳥やウミガメのごとく進化から取り残されてしまった。ガラパゴス化というよりも、高度な文明を持つが外界を遮断し、そして衰退した『天空の城ラピュタ』状態という表現のほうがより的確かもしれないが。

世界から目を背けたことこそが、日本を「古く」「安価な国」にした要因だったのだ。

縮む日本、拡大する世界

そんな過去をどれほど悔やもうと、未来は否応なくやってくる。いや、やってきてしまう。

人口減少社会に、かつてのような旺盛な需要は期待できない。国内消費はこれから雪崩のように減少していくことだろう。消費の減少は、終戦以来日本経済を支え、この国の競争力の源泉ともなっていた全国340万社にもおよぶ中小企業の淘汰を招くことになる。

日本が縮小に向かうその一方、世界の人口は逓増《ていぞう》している。人口の増加とは消費の拡大であり、消費の拡大とはすなわち経済発展そのものである。もしも、これまでどおり日本が先進国であり続け、今のような暮らしを続けたいと願うのならば、世界に目を向けるしか方法はない。つまりは発展が予想される国々の可能性にこれまで以上に目を向け、意識するよりほかあり得ないのだ。

こうした胎動は静かではあるものの、すでに見られ始めている。

野球の大谷翔平選手やバスケの八村塁選手が活躍の場をアメリカの地に求めたのは周知のとおりだし、寿司職人が日本を離れる例も続出している。日本人がフランス人シェフをありがたがるように、海外のSushiレストランでは日本人寿司職人のステータスがきわめて高い。時には国内の10倍以上になるという収入を求め、少なからぬ数の職人たちが、活躍の舞台を世界に移し始めているのだ。

こうした海外への進出を国内の空洞化と取るのは間違いである。

大谷選手の活躍も、寿司職人たちの移住も、世界中に日本のファンをつくる行為にほかならない。彼らの活躍は、いわゆる「出稼ぎ」が日本にお金を環流させることであるのと同様に、世界にもっと深く日本を知ってもらうことを意味する。彼らがきっかけとなって生まれた日本への好奇心は循環し、日本製品やサービスへと向かうことになるだろう。結果的に、日本の国益に寄与するものとなるのだ。

たとえ人口が減少しても、日本と日本製品のファンをつくることができる。

そのためにもわれわれは、これまで以上に世界と対峙しなければならないのだ。

若者よ、世界という大海原を行け

つまりは「モノ」や「コト」、「ヒト」を通して日本の魅力を世界に発信すること。そしてその魅力を目指して世界から人びとが日本に押し寄せること。それこそがこれからの日本に欠かせないこととなる。人口減少・少子高齢化時代を迎えた日本の、新たなる挑戦といっていい。そして世界に供する商品やサービスを生み出すことこそが、君たち若者が担うべきミッションである。

日本社会全体が動脈硬化を起こしつつあるとはいえ、日本が世界に胸を張って提供できる商品やサービスは多々ある。

世界有数の高齢社会である日本は、高齢化対策の分野で世界的リーダーとなり得るし、同じ意味で高齢者向けの健康や医療産業、資産運用なども、高いポテンシャルを秘めている。

さらには日本オリジナルの文化とコンテンツも有望だ。

すっかり世界語となった「Anime（アニメ）」を始め、ユネスコの無形文化遺産に認定された「和食」。沖縄の美しい海はもちろんのこと、北国の人びとには厄介者としか思えない冬の豪雪すら、魅力的なコンテンツとなり得る。要はかつての「モノ」ではなく、イタリアの各都市のようにそこにしかない「ヒト」や「コト」を前面に打ち出して、今ひとたびの「Japan as No.1」を目指すのだ。

本書の第1章で私は、日本酒離れで絶滅の危機にある日本酒産業の現状に対し、世界に日本酒ファンをつくって活性化しようと、香港で日本酒と料理とのペアリングを提案するレストランビジネス（GODENYA：２０２３年、２０２４年ミシュラン一つ星獲得）を開始したと書いた。その狙いがここにあるのは言うまでもないだろう。

日本酒を輸出しただけでは、ただの日本酒という「モノ」に留まる。日本酒と一緒に食事を楽しみ、感動してもらって初めて、衝撃的な「体験」として認識され、Animeや和食のような唯一無二のコンテンツとなっていくのだ。そしてこれは、あまた存在する全国の蔵元の活性化へと繋がっていく。

繰り返すが、日本には世界に供するに足る商品やサービスはまだまだ豊富に眠っている。あとは誰がそれを発掘し、広めるか、に尽きるのだ。

果たして日本はどこに向かうのだろう？

日本はこのまま、「安価な国」から「貧しい国」になっていくのだろうか？

それともまた飛翔し、三度《みたび》、世界の羨望を集める国となれるだろうか？

これから始まる物語の新しいチャプターはほかならぬ君たちが書き上げることになる。日本の未来を担うのは君たち。君たちの行動こそが、未来を決めるのだ。

自分一人で何ができるのだろうかと恐れるな。

未来はたった一人の夢、たった一人の行動から始まる。どんな起業家も、芸術家も、成功者も、最初はそのたった一人の行動から始まっている。一人の勇気ある行動に共感する者が集まって川となり、やがて海となっていく。

だからこそ本書では幾度となく伝えてきた。君たちには目標や夢を持ってほしい。勇気ある一歩を選択してほしい。その一人ひとりの合流が、日本の未来の礎となるのだから。

過去は変えられないが、未来は変えられる。

新しい未来は、過去の意味さえも変える力がある。

進もう。君たちには未来を変える力がある。

だからこそ挑もう。日本から世界へ――。

エピローグ

この本を書いている現在、日経平均株価は34年ぶりの高値を更新し、株式市場は随分と盛り上がりを見せているようだ。この上昇相場がいつまで続くかはさておき、長きに亘り低迷を続けた日本にポジティブな雰囲気が漂うこと自体は決して悪い気はしない。

2024年1月からは政府肝いりの新NISAも開始された。新NISAや昨今の相場環境という追い風もあり「財産形成」に対する国民の熱が日に日に高まっていることをひしひしと感じている。この日本において「貯蓄から投資へ」が叫ばれ始めてから随分と長い時間が流れた。国民がお金を預貯金として眠らせておくのではなく、動かしていくことの必要性に気づき、実際に行動を起こし始めていること自体は日本にとってとても大切な一歩である。

書店に行けば、新ＮＩＳＡはもちろんのこと、お金や投資にまつわる本がいかに多いかに驚く。分厚い教科書から漫画で解説するお金のイロハまでスタイルは多様だ。そんなさまざまな本がある中で、自分だったら何を書くだろう、自分だったらどう書くだろう。そんな問いが内から生まれたことが、本書を書くきっかけとなった。

どうせなら、私がさわかみ投信という会社に新卒として入社し、その後移籍した急成長するベンチャー企業での物語や、そこで経験し学んだお金や投資について書いてみよう。そして当時の自分のような大学生や若いビジネスパーソンに読んでもらえるような本を書こう。そんな思いから執筆は始まった。

本書の執筆を通して、私自身「お金」という存在と真剣に向き合うことにもなった。これだけ身近に存在し、日々使用しているものではあるが、なんとも奥深く複雑な生き物のようにも思う。

お金があれば欲しいものを買うことができる。おいしいご飯を食べて、旅行に行ったり、素敵な服を買ったり。お金はたくさんの喜びをもたらしてくれる。

一方、お金は真逆の性格も持っている。嫉みであったり、裏切りであったり、人間関係において、お金がきっかけでトラブルに繋がるケースは日常茶飯事だ。

また、アメリカでは「お金」とは勝者のシンボルでもあるが、日本においては「人前でお金の話をするのははしたないこと」「品がない」などの真逆の文化もある。このようにお金には光もあれば影もある。それでいて人間の品格までも代弁してしまうものだ。

だが、お金の本質を突き詰めていくと、結局のところ、自分がこれからどう生きていくのか、生きていきたいのか、という結論に辿り着く。すなわち、お金とは「意思」であり「未来」であるようにも思う。そしてそれが本書の趣旨だ。

執筆の過程は、新しい自分と出会う機会にもなった。何よりも、自分の中の思考を言語化し一つの作品に仕上げていくプロセスは、骨は折れるがとても楽しい時間でもあった。

驚くかもしれないが、本書の多くの部分を、私は携帯で執筆、修正、確認している。スマホというテクノロジーがあったからこそなせる業ではあるが、このおかげで、飛行機での移動時間など、隙間時間を活用して、生産的に本を執筆することができた。スマホがあれば世界中どこでも仕事ができる、をみずから体現しているかのようだった。周りにいた人たちは、まさか私がスマホをいじりながら、本を書いているなど気がつきもしなかったことだろう。

本書出版にあたり、さまざまな方のサポートをいただいた。編集においては、木田明理さん、千羽ひとみさんに大変お世話になった。率直な議論を通じて、さまざまな視点を本書に入れ込むことができた。この場を借りて感謝をお伝えしたい。

また、本書を出版すると決めた時には、表紙のデザインは株式会社CRAZYクリエイティブディレクターである林隆三さんに依頼することを最初から決めていた。いつも時間をともにする戦友でもある。私の唐突な依頼に対しても、二つ返事で承諾してくれた。結果、「未来」と「お金」がデザインの中で融合するという素晴らしいクリエイティブをいただいた。改めてこの場を借りて感謝をお伝えしたい。

そして、あちこちを飛び回り、過密なスケジュールをこなす毎日を送る中で、いつも全面的なサポートをしてくれる家族の存在があったからこそ執筆を完遂することができた。この場を借りて深く感謝を伝えたい。また、私とともに働く仕事のチームメートからの有形無形のさまざまなサポートがあったからこそ本書を執筆することができた。すべてのチームメートに心からの感謝を送りたい。

最後に、この3人には特別な感謝をお伝えしたい。私を息子のように育ててくれ、仕事とは何か、そして世界とは何か、を教えてくれた方、さわかみ投信創業者である澤上篤人さん。澤上さんとあの時に出会い、一緒に時間を過ごせたことは私の人生における大切な宝物だ。そして本当の兄貴のような存在として、さわかみ投信の創業期から一緒に歩んでくれた澤上龍さん。澤上龍さんなくして本書は存在し得なかったであろう。そして、私に人生を授け、育ててくれた人。一冊の本の紹介から私の人生にさわかみ投信という大冒険を授けてくれた人。さわかみ投信顧客番号185番、天国にいる父・熊谷衛に心からの感謝とこの一冊を届けたい。